LE MERAVIGLIE DELLA TERRA

ALLA SCOPERTA DEI SEGRETI DEL NOSTRO PIANETA

LE MERAVIGLIE DELLA TERRA

ALLA SCOPERTA DEI SEGRETI DEL NOSTRO PIANETA

EDICART

© 2015 by Miles Kelly Publishing Ltd
© 2021 by EDICART per l'edizione italiana
EDICART è un marchio EDICART
Via Jucker, 28 - Legnano (MI) - Italia

Titolo originale: *Encyclopedia of Earth*
Testi di *John Farndon* e *Steve Parker*
Traduzione dall'inglese di *Laura Ferloni*
Tutti i diritti sono riservati - Stampato in Italia

Indice

 La Terra nello spazio e nel tempo

Formazione della Terra	12	Le ere della Terra	22
La Terra nello spazio	14	Le ere glaciali	24
La Terra e la Luna	16	Tra le ere glaciali	26
La forma della Terra	18	Fossili	28
Osservare la Terra	20		

 Struttura della Terra

La chimica della Terra	32	Litosfera	52
Minerali	34	La deriva dei continenti	54
Rocce ignee	36	Le placche tettoniche	56
Rocce magmatiche	38	Placche convergenti	58
Rocce metamorfiche	40	Placche divergenti	60
Rocce sedimentarie	42	Faglie	62
L'interno della Terra	44	Pieghe	64
Il nucleo della Terra	46	Picchi montani	66
Il mantello	48	Catene montuose	68
La crosta terrestre	50		

Vulcani e terremoti

Vulcani	72	Vulcani di hot spot	80
Tipi di vulcano	74	Terremoti	82
Eruzioni vulcaniche	76	Danni sismici	84
Lava e cenere	78	Misurazione dei terremoti	86
		Onde sismiche	88
		Prevedere i terremoti	90
		Terremoti famosi	92
		Tsunami	94

Modellare il territorio

Paesaggi che cambiano	98	Terreni paludosi	118
Erosione	100	Laghi	120
Erosione delle pietre calcaree	102	Deserti	122
Grotte	104	Ghiacciai	124
Fiumi	106	Paesaggi glaciali	126
Colline	108	Paesaggi delle zone fredde	128
Valli fluviali	110		
Alvei fluviali	112		
Cascate	114		
Inondazioni	116		

Continenti e oceani

I continenti	132	Oceano australe	162
Europa	134	Mari	164
Africa	136	Maree	166
Asia	138	Onde	168
Australia, l'isola continente	140	Spiagge	170
Oceania	142	Coste rocciose	172
Antartide	144	Barriere coralline	174
Nord America	146	Iceberg	176
Sud America	148	Abissi oceanici	178
Isole maggiori	150	Fumarole nere	180
Oceano globale	152	Correnti oceaniche superficiali	182
Oceano Atlantico	154	Correnti oceaniche profonde	184
Mar Glaciale Artico	156	Fosse oceaniche	186
Oceano Indiano	158	Fossa delle Marianne	188
Oceano Pacifico	160	Fossa di Porto Rico	190

Montagne e canyon

Sistemi montuosi	194	Atlante	208
Himalaya	196	Monti transantartici	210
Ande	198	Dorsale medio atlantica	212
Montagne Rocciose	200	Grand Canyon	214
Urali	202	Gole del fiume Indo	216
Alpi europee	204	Altri canyon e gole	218
Grande catena divisoria	206		

Grandi fiumi e laghi

I fiumi attraverso le ere	222	Come si formano i laghi	238
Rio delle amazzoni	224	Grandi Laghi del Nord America	240
Nilo	226	Lago Baikal	242
Mississippi	228	Lago Vittoria	244
Congo	230	Lago Tanganica	246
Yangtze	232	Grande Lago degli Orsi	248
Gange	234	Lago Vostok	250
Enisej	236		

Atmosfera e meteo

Atmosfera	254	Neve e grandine	268
Aurore boreali	256	Ghiaccio e freddo	270
Luce solare	258	Pressione dell'aria	272
Umidità dell'aria	260	Fronti meteorologici	274
Nuvole	262	Vento	276
Nebbia e foschia	264	Temporali	278
Pioggia	266	Tempeste di sabbia	280
		Bufere di neve	282
		Tornado	284
		Uragani	286
		Stagioni	288
		Zone climatiche	290
		Previsioni del tempo	292

Sfruttare le risorse della Terra

Ricchezze della Terra	296	Energie rinnovabili	306
Rilevamenti e prospezioni	298	Acque dolci	308
Metalli e minerali	300	Coltivare la terra	310
Gemme e pietre preziose	302	Sfruttare il mare	312
Combustibili fossili	304		

La Terra che vive

Ecosistemi	316	Praterie	330
Biomi	318	Vita negli ambienti aridi	332
Biodiversità	320	Aree umide e acque dolci	334
Foreste tropicali	322	Vita nelle acque dolci	336
Foreste temperate	324	Habitat costieri	338
Foreste boreali	326	Vita in mare aperto	340
Vita ai Poli e in montagna	328	Vita negli abissi	342

La Terra in pericolo

Riscaldamento globale	346	Risorse che scompaiono	358
Cambiamenti climatici	348	Specie a rischio di estinzione	360
Inquinamento	350	Conservazione	362
Acidi e ozono	352	Il futuro della Terra	364
Siccità e desertificazione	354	Indice analitico	368
Sovrapproduzione agricola	356	Referenze fotografiche	383

La Terra nello spazio e nel tempo

Formazione della Terra

- **La Terra si è formata 4,57 miliardi di anni fa**, probabilmente a partire dai detriti lasciati dall'esplosione di una stella gigante.

- **I detriti stellari** giravano intorno al Sole appena formatosi per poi raggrupparsi formando delle rocce chiamate planetesimi.

- **I planetesimi** sono stati ricomposti dalla loro stessa gravità per formare pianeti come la Terra e Marte.

- **All'inizio**, la Terra era una massa di roccia fusa in ebollizione.

- **Dopo 50 milioni di anni** una roccia gigantesca si è scontrata con la Terra appena formata. L'impatto ha causato l'emissione di detriti che gradualmente si sono uniti per diventare la Luna.

- **L'impatto** che ha formato la Luna ha fatto collassare ferro e nichel verso il centro della Terra; i due metalli hanno creato un nucleo così denso che i suoi atomi si sono fusi tramite reazioni nucleari che hanno mantenuto caldo l'interno della Terra.

- **La roccia fusa ha** formato un mantello spesso circa 3000 km attorno al nucleo metallico. Il calore del nucleo mantiene il mantello caldo e in movimento, come della melassa bollente

La Terra nello spazio e nel tempo

- **La superficie si è raffreddata e indurita** fino a formare una crosta sottile. Poi l'intenso bombardamento tardivo (LHB) di meteoriti e asteroidi avvenuto circa 3,9 miliardi di anni fa ha distrutto la crosta.

- **Il vapore e i gas** che fuoriuscivano dai vulcani hanno formato la prima atmosfera velenosa della Terra e il vapore si è condensato in acqua.

- **3,8 miliardi di anni fa** la crosta si è raffreddata di nuovo, e si sono formati terre e oceani. Una giornata terrestre durava circa 15 ore.

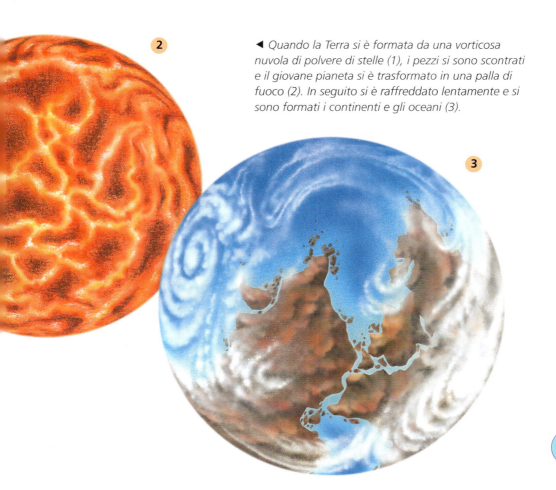

◄ *Quando la Terra si è formata da una vorticosa nuvola di polvere di stelle (1), i pezzi si sono scontrati e il giovane pianeta si è trasformato in una palla di fuoco (2). In seguito si è raffreddato lentamente e si sono formati i continenti e gli oceani (3).*

La Terra nello spazio

- **La Terra si muove**, o orbita, intorno al Sole ad una velocità media di 29,8 km/s.

- **La Terra completa** un'orbita intorno al Sole ogni circa 365 giorni, cioè un anno. Gira sul suo asse una volta ogni 24 ore, cioè un giorno.

- **Degli otto pianeti** del Sistema Solare, la Terra è il quarto più grande, e il terzo più vicino al Sole.

- **Quattro degli otto pianeti** del Sistema Solare sono pianeti terrestri o rocciosi: Mercurio, Venere, Terra e Marte. La Terra è quello più grande.

- **La Terra è il pianeta più denso** del Sistema Solare, con una media di 5,52 g per centimetro cubo.

- **Esistono corpi celesti**, noti come quasi-satelliti, tra cui 2002 AA29 e Cruithne, che sembrano orbitare intorno alla Terra, infatti seguono la Terra intorno al Sole su un'orbita simile.

- **In media**, la Terra si trova a 150 milioni di km dal Sole - la giusta distanza per avere temperature adeguate e acqua liquida perché possa svilupparsi la vita. È soprannominata "Pianeta Riccioli d'Oro" ed è l'unico pianeta finora scoperto su cui c'è vita.

- **Sulla Terra si alternano le stagioni** perché il suo asse è inclinato di 23,4 gradi, il che significa che diverse aree di essa sono più vicine al Sole, e quindi più calde, in differenti periodi dell'anno.

▶ Le navicelle spaziali che orbitano intorno alla Luna, vedono la Terra sorgere sopra l'orizzonte. Mentre la Terra gira, diverse parti di essa vengono illuminate dal Sole dando vita al giorno.

La Terra nello spazio e nel tempo

LO SAPEVI?
Vista dallo spazio la Terra appare come "il pianeta blu" perché gran parte di esso è ricoperto dall'acqua allo stato liquido.

La Terra e la Luna

- **La Terra ha un solo satellite naturale**, la Luna, che è il satellite più grande rispetto al suo pianeta nell'intero sistema solare.

- **La Luna è circa un quarto** del diametro della Terra e un ottavo della sua massa. Alcuni astronomi considerano i due pianeti come un sistema a doppio pianeta.

▼ *L'orbita lunare (1) intorno alla Terra è ellittica o ovale, essendo 363.000 km nel punto più vicino e 405.500 km nel punto più lontano. Allo stesso modo l'orbita terrestre intorno al Sole (2) varia da 147 a 152 milioni di km.*

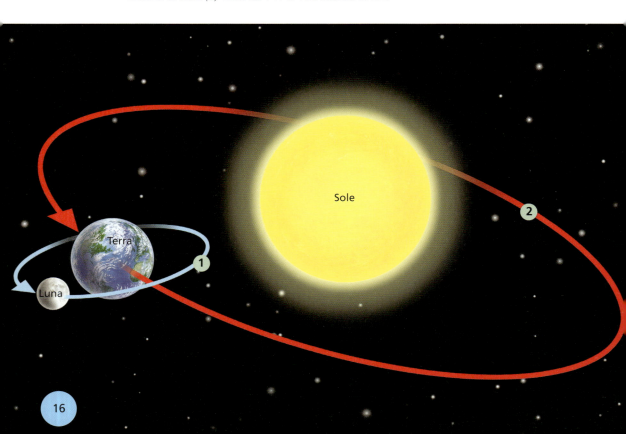

La Terra nello spazio e nel tempo

- **La Luna orbita** intorno alla Terra ad una distanza media di 384.400 km e si allontana di circa 3,8 cm all'anno.

- **La gravità sulla Luna** è molto più debole che sulla Terra, quindi tutto ha solo un sesto del peso, o più correttamente della massa, che ha sulla Terra.

- **Tuttavia, la gravità della Luna** rallenta la rotazione della Terra di circa 2,3 millisecondi al giorno per secolo, perciò di tanto in tanto si deve aggiungere un secondo intercalare ad un anno.

- **La gravità della Luna** è anche sufficiente ad attrarre l'acqua degli oceani in modo da formare dei rigonfiamenti che si spostano intorno alla Terra mentre ruota, creando le maree.

- **La Luna ruota** alla stessa velocità con cui orbita intorno alla Terra, quindi lo stesso lato è sempre rivolto verso di noi, mentre il lato più lontano è stato visto solo dalle astronavi.

- **La Luna sembra** brillare di una luce argentea, ma si tratta solo di luce solare riflessa: il satellite non produce luce propria.

- **La Luna orbita** intorno alla Terra ogni 27,3 giorni, e la parte che riflette la luce del Sole cambia tra la luna nuova e la luna piena; si tratta delle fasi lunari.

- **Dalla Terra** sembra che la Luna abbia quasi le stesse dimensioni del Sole, il che le permette in certi momenti di coprirlo completamente dando luogo a una eclissi solare totale.

La forma della Terra

▲ *Gli antichi greci si resero conto che la Terra è un globo. Le misurazioni satellitari dimostrano che in realtà non è perfettamente rotonda.*

- **Lo studio della forma** della Terra si chiama geodesia. In passato, la geodesia dipendeva da misurazioni effettuate a terra, mentre oggi i satelliti svolgono un ruolo importante.

- **La Terra non è una sfera perfetta.** Si tratta di una forma unica chiamata geoide, che significa "a forma di Terra".

La Terra nello spazio e nel tempo

- **All'Equatore**, la Terra gira più velocemente che ai Poli. Questo perché l'Equatore è più lontano dall'asse di rotazione della Terra.

- **La velocità supplementare** all'Equatore spinge la Terra all'infuori creando dei rigonfiamenti, mentre ai poli è appiattita.

- **Questo rigonfiamento equatoriale** fu dedotto nel 1687 dallo scienziato inglese Isaac Newton (1642-1727).

- **Il rigonfiamento equatoriale** fu confermato 70 anni dopo Newton, da rilevamenti effettuati in Perù dall'esploratore e matematico francese Charles de La Condamine (1701-1774), e in Lapponia dal matematico e filosofo Pierre de Maupertuis (1698-1759).

- **Il diametro della Terra** all'Equatore è di 12.758 km. È più lungo di 43 km del diametro verticale dal Polo Nord al Polo Sud.

- **La misura ufficiale** del raggio terrestre all'Equatore è di 6.376.136 m, con tolleranza di un metro.

- **La serie di satelliti LAGEOS** (Laser Geodinamico), lanciati per la prima volta nel 1976, riflettono i raggi laser per effettuare misurazioni molto accurate della Terra. Possono misurare anche i movimenti di pochi centimetri delle placche tettoniche terrestri.

- **Il satellite Seasat** del 1978 ha confermato che le superfici oceaniche sono geoidi. Ha preso milioni di misure dell'altezza della superficie dell'oceano, con una tolleranza di pochi centimetri.

> **LO SAPEVI?**
> Una persona che si trova in piedi all'Equatore si muove ad una velocità di 1670 km/h mentre la Terra gira sul suo asse.

Osservare la Terra

- **I satelliti nello spazio** rivelano molto sulla Terra. Il satellite Topex/Poseidon ha misurato l'altezza della superficie dell'oceano con una tolleranza di pochi centimetri. Questa precisione ha rivelato montagne sul fondo marino perché la loro maggiore gravità crea una leggera differenza nell'altezza dell'acqua.

▼ *Una vista dell'Iran dal satellite Landsat 7. È stata ricostruita e colorata al computer da molteplici foto scattate utilizzando la luce infrarossa per ottenere una visione chiara attraverso le nuvole.*

La Terra nello spazio e nel tempo

- **Sulla Terra la forza di gravità** varia leggermente. I satelliti gemelli Grace sono in grado di rilevare queste variazioni con precisione, rivelando molto sugli oceani e sull'interno della Terra.

- **Il satellite Aqua della Nasa** può rilevare l'umidità del suolo e quindi dire agli agricoltori se le colture hanno bisogno di acqua, o quando il terreno è pronto per la semina.

- **Le immagini satellitari** possono essere utilizzate per trovare i depositi minerali e identificare le aree a rischio sismico. Possono anche tracciare il flusso della Corrente del Golfo e di altre correnti che influenzano il tempo e il clima.

- **Le immagini satellitari** ci aiutano a misurare l'impatto delle attività umane sul pianeta. Esse monitorano la temperatura degli oceani, misurano il riscaldamento dell'atmosfera e documentano la deforestazione.

- **I satelliti segnalano la geologia** e le formazioni che rivelano la presenza di petrolio o minerali. I satelliti hanno mostrato depositi di rame, nichel, zinco e uranio negli Stati Uniti, stagno in Brasile e rame in Messico.

- **I satelliti meteorologici** registrano i modelli e i movimenti delle nuvole, che aiutano a prevedere le tempeste. Misurano anche la temperatura e la pressione dell'aria, le precipitazioni e la profondità della neve.

- **I satelliti possono rilevare** grandi incendi, la fauna selvatica dotata di trasmettitori radio, i ghiacciai che si trasformano in iceberg e le variazioni delle dimensioni del "buco" (assottigliamento) dello strato di ozono.

Le ere della Terra

- **La Terra si è formata** 4570 milioni di anni fa (maf), ma i primi animali con conchiglie e ossa sono apparsi meno di 600 maf. Con l'aiuto di questi fossili, i geologi hanno tracciato la storia della Terra a partire da quel periodo. Sappiamo molto poco dei 4000 milioni di anni precedenti, conosciuti come eone Precambriano.

- **I geologi dividono** la storia della Terra in periodi di tempo. I più lunghi sono eoni, lunghi migliaia di milioni di anni. I più brevi sono dei chron, lunghi qualche migliaio di anni. Tra di essi ci sono ere, periodi, epoche ed età.

- **A partire dall'eone Precambriano** gli anni sono suddivisi in tre ere: Paleozoico, Mesozoico e Cenozoico.

- **Piante e animali diversi** hanno vissuto in tempi differenti, perciò i geologi possono capire quanto tempo fa si sono formate le rocce a partire dai fossili al loro interno. Utilizzando i fossili, hanno suddiviso la storia della Terra a partire dal Precambriano in 12 periodi.

- **Gli strati di roccia si formano** uno sopra l'altro, quindi le rocce più antiche sono di solito sul fondo, a meno che non siano state mosse. L'ordine degli strati dall'alto verso il basso è noto come colonna geologica.

- **Cercando dei fossili specifici**, i geologi possono stabilire se uno strato di roccia è più vecchio di un altro, e posizionarlo nella colonna geologica.

- **I fossili possono mostrare** solo se una roccia è più vecchia o più giovane di un'altra, non possono fornire una data in anni. Inoltre molte rocce, come quelle ignee, non contengono fossili. Per effettuare una datazione assoluta, i geologi possono usare il radiocarbonio e altri metodi simili di radiodatazione.

La Terra nello spazio e nel tempo

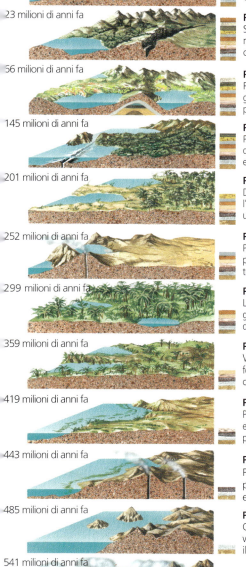

◀ Questa sequenza mostra i principali periodi ed eventi geologici della storia della Terra, dai più recenti (in alto) ai più antichi.

2.6 milioni di anni fa — Periodo Quaternario
Molti mammiferi si estinguono durante le ere glaciali; l'uomo evolve.

23 milioni di anni fa — Periodo Neogene
Specie moderne di mammiferi carnivori come gatti e lupi

56 milioni di anni fa — Periodo Paleogene
Primi grandi mammiferi; gli uccelli prosperano; praterie diffuse

145 milioni di anni fa — Periodo Cretaceo
Prime piante fiorite; i dinosauri non volatili si estinguono

201 milioni di anni fa — Periodo Giurassico
Diffusione dei dinosauri; l'archaeopteryx è il primo uccello conosciuto

252 milioni di anni fa — Periodo Triassico
Primi mammiferi; diffusione di piante con semi; l'Europa si trova nella fascia tropicale

299 milioni di anni fa — Periodo Permiano
Le conifere sostituiscono i grandi alberi di felce; grande diffusione dei deserti

359 milioni di anni fa — Periodo Carbonifero
Vaste e calde paludi di foreste di felci formano il carbone; primi rettili

419 milioni di anni fa — Periodo Devoniano
Primi insetti e anfibi; felci e muschio sono grandi piante

443 milioni di anni fa — Periodo Siluriano
Prime piante terrestri; pesci dotati di mascelle e pesci d'acqua dolce

485 milioni di anni fa — Periodo Ordoviciano
Comparsa dei primi vertebrati a forma di pesci; il Sahara è ghiacciato

541 milioni di anni fa — Eone Precambriano
Comparsa delle prime forme di vita (batteri) e forniscono ossigeno all'aria

● **La datazione radio** permette di datare le rocce più antiche della Terra. Dopo che alcune sostanze, come l'uranio e il rubidio, si formano nelle rocce, i loro atomi si decompongono lentamente e rilasciano radioattività. Valutando quanti atomi sono cambiati, i geologi calcolano l'età della roccia.

● **Le rotture nella sequenza** della colonna geologica, chiamate discontinuità, possono aiutare a costruire un quadro della storia geologica di un'area.

Le ere glaciali

- **Le ere glaciali** sono periodi che durano milioni di anni in cui la Terra è così fredda che le calotte polari diventano enormi; ci sono varie teorie sul perché si verifichino.

- **Negli ultimi 1000 milioni di anni, ci sono state cinque ere glaciali**, una delle quali è durata 100 milioni di anni.

- **L'era glaciale più recente** - chiamata era glaciale del Pleistocene - ha avuto inizio circa 2,5 milioni e mezzo di anni fa.

- **Durante un'era glaciale**, il clima varia tra periodi freddi chiamati glaciali e periodi caldi chiamati interglaciali.

- **Negli ultimi 2,5 milioni di anni dell'era glaciale del Pleistocene ci sono stati** circa 15 glaciali e interglaciali.

▼ 18.000 anni fa, quando era ai margini di una lastra di ghiaccio, la California probabilmente aveva un aspetto simile a questo.

La Terra nello spazio e nel tempo

- **L'ultimo periodo glaciale** ha raggiunto il suo apice circa 25.000-18.000 anni fa e si è concluso 12.000-11.000 anni fa.

- **18.000 anni fa** il ghiaccio ricopriva il 40% della terra.

- 18.000 anni fa i ghiacciai si estendevano su gran parte dell'Europa e del Nord America. In Tasmania e Nuova Zelanda c'erano delle calotte glaciali.

- **Circa 18.000 anni fa** alle Hawaii e in Australia c'erano dei ghiacciai.

LO SAPEVI?

18.000 anni fa, dove oggi sorgono Washington D.C. e Londra il ghiaccio era spesso 1,5 km.

Tra le ere glaciali

- **I periodi più caldi** nella storia della Terra sono chiamati interglaciali, ipertermali o optimum climatici.

- **Le fluttuazioni delle temperature globali** sono causate in parte dai cambiamenti ciclici dell'orbita terrestre intorno al Sole, dal suo angolo di inclinazione rispetto al Sole e dal movimento del suo asse.

- **Gli indicatori dei climi del passato** includono gli anelli degli alberi in legno fossile, le carote di ghiaccio di antichi ghiacciai, i sedimenti oceanici, le barriere coralline e i fossili nelle rocce sedimentarie.

▼ *Durante il tardo periodo giurassico, 150 milioni di anni fa, grandi dinosauri come il Brachiosauro si cibavano di enormi piante che crescevano in un clima caldo e umido.*

La Terra nello spazio e nel tempo

- **Le temperature globali più alte** degli ultimi 200 milioni di anni si sono verificate durante l'optimum termico cretaceo di circa 100 milioni di anni fa.

- **Durante questo periodo** non c'era ghiaccio ai poli - solo foreste decidue e animali tropicali. Era 6-8 °C più caldo di oggi e i livelli di anidride carbonica erano cinque volte superiori.

- **Il Massimo Termico del Paleocene-Eocene** (PETM) è iniziato circa 55 milioni di anni fa ed è durato circa 170.000 anni. La temperatura è aumentata di 6 °C in 20.000 anni.

- **Probabilmente il PETM** è stato causato dal rilascio di metano congelato, un gas serra, intrappolato sul fondo dell'oceano.

- **Negli ultimi 2,6 milioni di anni** - il Pleistocene - ci sono stati numerosi interglaciali, ad intervalli di circa 40.000-100.000 anni, quando la vegetazione della tundra e le lastre di ghiaccio si sono ritirate verso i poli e sono state sostituite dalla foresta.

- **Durante l'interglaciale Eemian del Pleistocene**, 130.000-114.000 anni fa, i livelli del mare erano di 8 m più alti di oggi e la temperatura dell'acqua dell'oceano era di 2 °C più alta.

- **L'interstadio Bølling-Allerød** verso la fine del Pleistocene, 14.670 anni fa, è stato un breve periodo caldo in cui il livello del mare è aumentato di 100 m.

- **Attualmente la Terra** sta attraversando il periodo interglaciale dell'Olocene, iniziato quando le temperature erano abbastanza alte tra i 9000 e i 5000 anni fa.

Fossili

- **I fossili sono i resti** di esseri viventi che sono stati conservati per milioni di anni, solitamente nella pietra.

- **La maggior parte dei fossili** sono resti di esseri viventi come ossa, conchiglie, artigli, denti, foglie, corteccia, pigne e semi.

- **Le tracce fossili** sono fossili di segni lasciati dalle creature, come impronte e graffi.

- **I paleontologi** (scienziati che studiano i fossili) possono individuare l'età di un fossile dallo strato di roccia in cui si trova. Possono anche misurare come la roccia è cambiata radioattivamente da quando si è formata (datazione radio).

- **I fossili più antichi** sono chiamati stromatoliti. Sono fossili di grandi colonie di batteri microscopici di oltre 3500 milioni di anni.

- I fossili più grandi sono le stromatoliti conyphyton - stromatoliti vecchie di 2000 milioni di anni che superano i 100 m di altezza.

◀ Una volta trasformati in minerali duri e nuovi, i resti di esseri viventi possono essere conservati per centinaia di milioni di anni, anche se fossili ben conservati come questi antichi pesci sono rari.

La Terra nello spazio e nel tempo

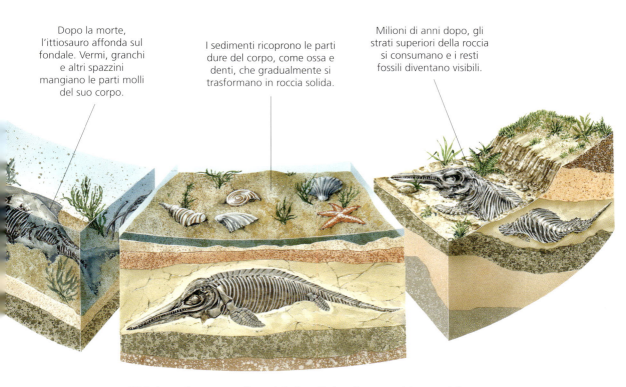

Dopo la morte, l'ittiosauro affonda sul fondale. Vermi, granchi e altri spazzini mangiano le parti molli del suo corpo.

I sedimenti ricoprono le parti dure del corpo, come ossa e denti, che gradualmente si trasformano in roccia solida.

Milioni di anni dopo, gli strati superiori della roccia si consumano e i resti fossili diventano visibili.

▲ *Gli ittiosauri erano rettili marini giganti che vivevano al tempo dei dinosauri. Questa sequenza mostra come uno di essi sarebbe potuto diventare un fossile.*

- **Non tutti i fossili sono di pietra.** I mammut si sono conservati perché sono rimasti congelati nel permafrost della Siberia.

- **Molti insetti si sono conservati** nell'ambra, la resina solidificata di alberi secolari.

- **Alcuni fossili diffusi** di animali vissuti per brevi periodi sono molto utili per la datazione degli strati rocciosi; vengono chiamati fossili indice.

- **I fossili indice includono** crostacei come brachiopodi, belemniti e ammoniti, ma anche trilobiti, graptoliti e crinoidi.

Struttura della Terra

La chimica della Terra

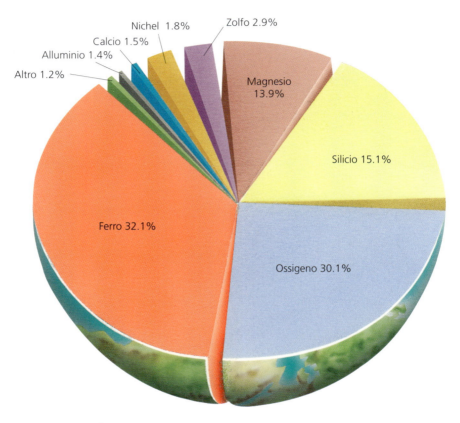

▲ *Questo grafico mostra le percentuali in massa (peso) degli elementi chimici che compongono la Terra.*

- **La maggior parte della Terra** è costituita da ferro, ossigeno, silicio e magnesio.
- **Oltre 80 elementi chimici** sono presenti naturalmente nella Terra e nella sua atmosfera.

Struttura della Terra

- **La crosta** è composta principalmente da ossigeno e silicio, ma contiene anche alluminio, ferro, calcio, magnesio, sodio, potassio, titanio e tracce di altri 64 elementi chimici.

- **Il mantello superiore** è costituito da silicati di ferro e magnesio, quello inferiore da solfuri e ossidi di silicio e magnesio.

- **Il nucleo è costituito prevalentemente da ferro**, con una piccola quantità di nichel e tracce di zolfo, carbonio, ossigeno e potassio.

- **Le conoscenze che abbiamo sulla chimica della Terra** derivano dall'analisi della sua densità effettuata grazie alle onde sismiche e allo studio di stelle, meteoriti e altri pianeti.

- **Quando la Terra era ancora semi-fusa**, elementi densi come il ferro sono affondati per formare il nucleo. Elementi più leggeri come l'ossigeno sono saliti in superficie fino a formare la crosta.

- **Alcuni elementi pesanti**, come l'uranio, sono finiti nella crosta perché formano facilmente composti con ossigeno e silicio.

- **Grandi quantità** di elementi che si combinano facilmente con lo zolfo, come lo zinco e il piombo, si sono diffusi sul mantello.

- **Elementi che si combinano** facilmente con il ferro, come l'oro e il nichel, sono affondati nel nucleo.

LO SAPEVI?
Il più raro elemento chimico naturale terrestre è l'astato, con un peso totale di un grammo.

Minerali

- **I minerali sono le sostanze chimiche naturali** di cui sono fatte le rocce. Alcune rocce sono formate da cristalli di un solo minerale, ma molte sono composte da più minerali.

- **Gran parte dei minerali** sono costituiti da due o più elementi chimici, ma alcuni, come l'oro e il rame, sono costituiti da un solo elemento.

- **Esistono oltre 2000 minerali**, e circa 30 di questi sono molto comuni. Minerali meno comuni sono presenti nelle rocce in tracce minime, ma in certe aree possono trovarsi in alta concentrazione per via dei processi geologici.

- **La superficie terrestre** contiene un'enorme ricchezza di risorse minerali, dall'argilla per i mattoni alle pietre preziose.

▼ *Materiali come cemento, ghiaia e argilla vengono prelevati dal terreno in grandi quantità per l'edilizia.*

Struttura della Terra

- **I silicati costituiscono** il più grande gruppo di minerali e si formano quando i metalli si uniscono con l'ossigeno e il silicio. I più comuni sono il quarzo e il feldspato, cioè i minerali che formano la roccia.

- **Altri minerali comuni** sono gli ossidi come ematite e cuprite, i solfati come gesso e barite, i solfuri come galena e pirite e i carbonati come calcite e aragonite.

- **I combustibili fossili** - petrolio, carbone e gas naturale - si sono formati dai resti di piante e animali vissuti milioni di anni fa. I loro resti sono stati trasformati in combustibile dal calore intenso e dalla pressione. Il carbone si è formato a partire dalle piante che crescevano in enormi paludi calde, il petrolio e il gas naturale invece dai resti di piccole piante e animali marini.

- **I metalli vengono estratti dai minerali grezzi**. La bauxite è il minerale per l'alluminio, la calcopirite per il rame, la galena per il piombo, l'ematite per il ferro e la sfalerite per lo zinco. Alcuni minerali, come l'ambra e l'opale, non hanno una struttura microcristallina e sono chiamati mineraloidi.

Rocce

- **Esistono tre tipi principali di roccia**: ignea, sedimentaria e metamorfica.

- **Le più antiche rocce conosciute** si trovano in Canada: lo gneiss di Acasta che ha quattro miliardi di anni e le ancora più antiche pietre verdi di Nuvvuagittuq vicino alla Baia di Hudson.

- **Le rocce più giovani** si formano ancora oggi quando la lava fusa erutta dai vulcani, si raffredda e si solidifica.

- **La disciplina che studia** le rocce, le loro strutture e il modo in cui cambiano è conosciuto come geologia.

- **La petrologia** è una specialità della geologia che studia in dettaglio la composizione e la microstruttura delle rocce, la loro origine e il loro destino.

- **La mineralogia** è la disciplina che studia i minerali che compongono le rocce, le loro origini e il modo in cui cambiano o reagiscono quando le rocce cambiano forma.

- **La geologia** e le scienze affini sono fondamentali quando si effettuano rilievi o prospezioni di ricchezze minerarie come il carbone, il petrolio, il gas naturale e i minerali che contengono metalli o zolfo.

- **Una delle rocce più pesanti** o più dense è la peridotite, con una densità fino a 3,5 gm per centimetro cubo.

Erosione e trasporto
Deposito di sedimento
Il sedimento viene seppellito e compattato

▶ Le rocce vengono continuamente riciclate. Gli agenti atmosferici e l'erosione le scompongono in sedimenti come sabbia e fango che si depositano sui fondali di mari, laghi e fiumi, dove si induriscono per formare nuove rocce nel processo chiamato ciclo della roccia.

Struttura della Terra

- **Invece** l'elemento naturale, o sostanza chimica pura, più denso della Terra, l'osmio, ha una densità di 22,6 gm per cm³.
- **Altre rocce molto dense** o pesanti includono basalto, diabase e diorite.

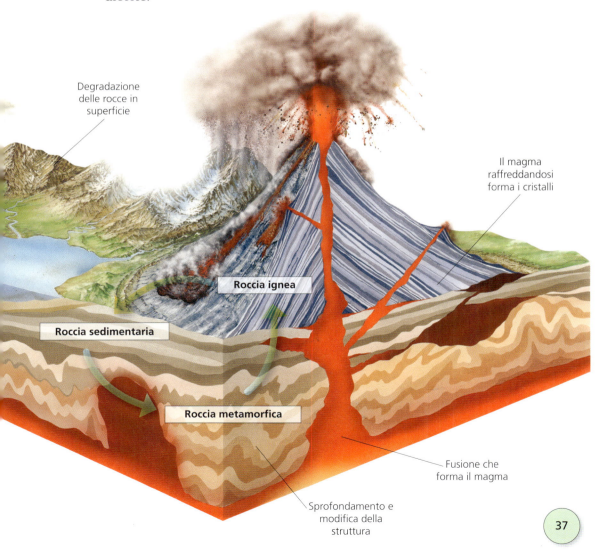

Rocce ignee

- **Le rocce ignee si formano** quando il magma liquido e caldo o la lava si raffreddano e si solidificano.

- **Se il raffreddamento, solitamente di magma, si verifica sotto** la superficie terrestre si formano rocce ignee intrusive o plutoniche come il granito.

- **Se il raffreddamento si verifica sopra** la superficie terrestre, ad esempio quando la lava erutta da un vulcano si forma una roccia ignea estrusiva o vulcanica come il basalto.

- **Se la roccia si raffredda rapidamente**, come fa la lava superficiale, i cristalli che si formano sono molto piccoli o inesistenti. Tali rocce sono chiamate afanitiche.

- **Se la roccia si raffredda lentamente**, ad esempio se si trova nel sottosuolo, i cristalli sono molto più grandi e producono una roccia a grana grossa, chiamata faneritica.

- **Le parti superiori** della crosta terrestre, fino a una profondità di circa 16 km, sono costituite per il 90-95% da rocce ignee.

- **La classificazione delle rocce ignee** dipende da come si sono formate, dalla struttura dei cristalli, ma soprattutto dai minerali e dalle sostanze chimiche che contengono.

- **Sono stati descritti e classificati oltre 700** diversi tipi di rocce ignee.

- **Il granito è classificato** come roccia ignea felsica: contiene molto quarzo e feldspato ed è di colore chiaro.

- **Il basalto è classificato** come roccia ignea mafica: contiene meno quarzo e meno feldspato del granito ed è solitamente di colore scuro.

Struttura della Terra

▼ *Le cime dello Stawamus Chief Provincial Park in British Columbia, in Canada, sono fatti di una roccia granitica ignea molto dura. Si sono formate circa 100 milioni di anni fa e sono state erose dai ghiacciai.*

Rocce metamorfiche

- **"Metamorfismo"** significa "cambiare forma". Le rocce metamorfiche sono state modificate dal calore e dalla pressione estrema, ma senza fondere.

- **Le rocce possono essere formate in profondità**, o più vicino alla superficie terrestre, da vulcani o da movimenti tettonici, e sono classificate in base alla loro struttura e alla composizione chimica.

- **Originariamente,** possono essere state rocce ignee o sedimentarie o persino metamorfiche, e possono essere state in seguito modificate fisicamente, chimicamente o entrambe le cose.

- **La composizione fisica e chimica** dipende dal tipo di roccia originale, dalle temperature e dalla pressione a cui è stata sottoposta.

- **La ricristallizzazione avviene spesso.** Si tratta del fenomeno per cui i cristalli vengono trasformati in forme più grandi: ad esempio, il calcare a grana fine si trasforma in marmo a grana grossa.

▼ Il marmo è una roccia metamorfica chiara contenente principalmente minerali carbonati. I suoi colori delicati e i suoi disegni rendono la sua estrazione un commercio molto redditizio.

Struttura della Terra

▲ *La bellissima tomba di Taj Mahal ad Agra, in India, fu costruita nel 1650 in marmo bianco scintillante.*

- **La struttura fisica** riflette spesso il tipo di forze che hanno tirato e spinto la roccia durante la sua riformazione: vortici e pieghe sono visibili sulla sua superficie.

- **Il metamorfismo di contatto** si verifica quando il magma liquido e caldo scorre vicino alla roccia; molti minerali si formano in questo modo.

- **Il metamorfismo regionale** si verifica a grandi profondità o per via dei movimenti tettonici. Queste rocce sono spesso fogliate o stratificate, come l'ardesia.

- **Le rocce a grana grossa**, come lo scisto, e le rocce a grana molto grossa, come lo gneiss, probabilmente sono state formate da una pressione uniforme.

- **Le temperature** e la pressione possono essere così grandi che le sostanze chimiche riescono a muoversi tra i tipi di roccia pur rimanendo solidi.

41

Rocce sedimentarie

- **Le rocce sedimentarie** sono formate da strati di sedimenti come sabbia, fango e limo. Vengono create da particelle di roccia erose, che vengono trasportate e poi deposte nei mari, laghi e fiumi, o soffiate dai venti sulla terraferma.

- **I sedimenti sono sottoposti** ad una pressione estrema a causa del continuo depositarsi dei sedimenti stessi gli uni sugli altri, oltre che ad alterazioni chimiche, e questo li trasforma in roccia.

- **Le rocce sedimentarie** sono depositate in uno strato sottile sulla crosta terrestre e si ritiene che ne costituiscano solo l'8% circa.

- Queste rocce formano strati o letti che riflettono l'ordine in cui sono stati depositati.

- **Le rocce sedimentarie mostrano** la storia della Terra conservando una documentazione fisica di caratteristiche come letti di fiumi, spiagge, dune di sabbia o forme di vita.

- **Le rocce sedimentarie clastiche**, come le arenarie, sono formate da sedimenti depositati sotto i fiumi e i mari.

- **Le rocce sedimentarie biochimiche** sono formate dalle conchiglie e da altri resti di esseri viventi e includono calcare e carbone.

- **Le rocce sedimentarie chimiche** si formano quando le sostanze chimiche disciolte diventano sovrasature e precipitano o cristallizzano fuori dalla soluzione; il salgemma o l'halite ne sono un esempio.

- **Le rocce sedimentarie spesso contengono fossili**, resti o tracce di esseri viventi che diventano permineralizzati e perciò si conservano.

▶ Le rocce sedimentarie nel Canyonlands National Park nello Utah, USA, includono arenarie, calcari e scisti. Sono state erose in forme piatte e ripide, chiamate mesas.

Struttura della Terra

L'interno della Terra

- **Al suo interno la Terra possiede tre strati principali**. Il più esterno è la crosta, un guscio di roccia sottile e duro, che ha uno spessore di qualche decina di chilometri.

- **Lo spessore della crosta** in rapporto alle dimensioni di tutta la Terra è più o meno uguale a quello della buccia di una mela.

- **Sotto la crosta**, c'è uno strato profondo di roccia calda e morbida chiamata mantello.

- **Sotto il mantello** c'è un nucleo di ferro caldo e nichel, per lo più semifusi o fusi.

- **Il nucleo interno** contiene l'1,7% della massa terrestre, il nucleo esterno il 30,8%, il confine nucleo-mantello il 3%, il mantello inferiore il 49%, il mantello superiore il 15%, la crosta oceanica lo 0,099% e la crosta continentale lo 0,374%.

- **Le misurazioni satellitari** sono così accurate che possono rilevare lievi grumi e ammaccature della superficie terrestre e indicano dove la gravità è più forte o più debole a causa delle differenze nella densità della roccia. Le variazioni di gravità rivelano caratteristiche come gli zampilli di Morgan (risalite di roccia insolitamente calda all'interno del mantello).

- **La nostra conoscenza** dell'interno della Terra deriva principalmente dallo studio di come le onde sismiche vibrano attraverso la Terra.

- **L'analisi di come** le onde sismiche vengono deviate rivela dove si trovano i diversi materiali all'interno della Terra. Le onde S (secondarie) passano solo attraverso il mantello. Le onde P (primarie) passano anche attraverso il nucleo.

- **Quando le onde P passano attraverso** il nucleo vengono deviate, lasciando una zona d'ombra dove nessuna onda raggiunge il lato più lontano della Terra.

Struttura della Terra

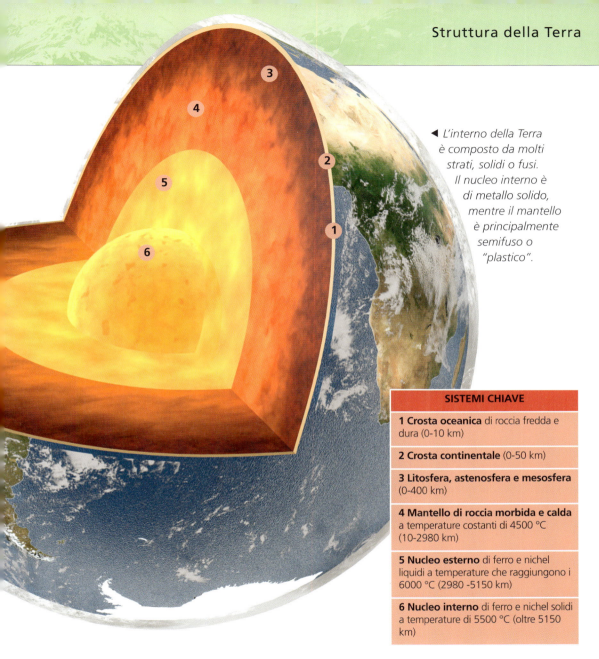

◄ *L'interno della Terra è composto da molti strati, solidi o fusi. Il nucleo interno è di metallo solido, mentre il mantello è principalmente semifuso o "plastico".*

SISTEMI CHIAVE
1 Crosta oceanica di roccia fredda e dura (0-10 km)
2 Crosta continentale (0-50 km)
3 Litosfera, astenosfera e mesosfera (0-400 km)
4 Mantello di roccia morbida e calda a temperature costanti di 4500 °C (10-2980 km)
5 Nucleo esterno di ferro e nichel liquidi a temperature che raggiungono i 6000 °C (2980 -5150 km)
6 Nucleo interno di ferro e nichel solidi a temperature di 5500 °C (oltre 5150 km)

● **La velocità con cui** viaggiano le onde sismiche rivela la densità delle rocce. Le rocce fredde e dure trasmettono le onde più rapidamente delle rocce calde e morbide.

Il nucleo della Terra

- **Il nucleo,** lo strato di roccia più profondo che costituisce la Terra, ha due strati - il nucleo interno e il nucleo esterno.

- **Si pensa che il nucleo interno** sia solido, mentre il nucleo esterno sia costituito da un liquido viscoso, come la melassa.

- **Questi strati sono stati scoperti** misurando il tempo che le onde sismiche, causate dai terremoti, impiegano per attraversare la Terra.

- **Il nucleo interno inizia** al centro della Terra e termina circa 5000-6000 km sotto la superficie.

- **Il nucleo esterno inizia** a quella profondità e termina a 3000-5000 km sotto la superficie.

- **Quando da giovane la Terra** era ancora fusa, gli elementi più pesanti sono affondati al centro, quindi si pensa che il nucleo interno sia fatto di ferro e nichel.

- **La densità del nucleo interno** è di circa 12-13 tonnellate per metro cubo, quella del nucleo esterno è di 10-12 tonnellate per metro cubo.

- **Gli studi dimostrano** che il nucleo interno può essere costituito da cristalli molto grandi o anche da un singolo cristallo gigante.

- **Anche il nucleo esterno** può essere costituito da ferro e nichel, ma probabilmente contiene anche altri elementi più leggeri.

- **Probabilmente il campo magnetico della Terra** è causato dai metalli liquidi che si muovono nel nucleo esterno mentre la Terra gira, causando un effetto dinamo.

LO SAPEVI?
Quando ricercano il petrolio, le navi da trivellazione esplorativa realizzano pozzi di oltre 10.000 m di profondità.

Struttura della Terra

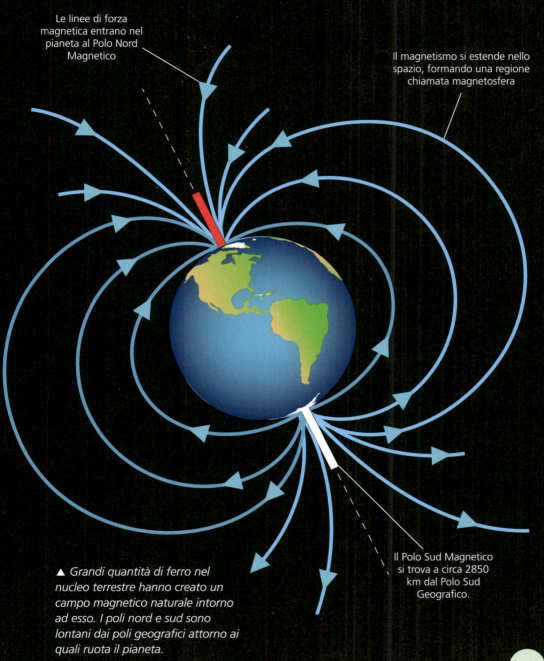

Le linee di forza magnetica entrano nel pianeta al Polo Nord Magnetico

Il magnetismo si estende nello spazio, formando una regione chiamata magnetosfera

▲ Grandi quantità di ferro nel nucleo terrestre hanno creato un campo magnetico naturale intorno ad esso. I poli nord e sud sono lontani dai poli geografici attorno ai quali ruota il pianeta.

Il Polo Sud Magnetico si trova a circa 2850 km dal Polo Sud Geografico.

47

Il mantello

- **Il mantello**, lo strato di roccia tra il nucleo della Terra e la sua crosta, inizia a circa 35-60 km sotto la superficie e ha uno spessore di circa 2900 km.

- **È il più spesso** tra gli strati della Terra e costituisce circa l'84% del volume totale del pianeta e i due terzi della sua massa.

- **La roccia del mantello** è costituita principalmente da silicati (silicio e ossigeno) ricchi di ferro e magnesio.

- **Il confine tra** il mantello e la crosta sovrastante è chiamato Moho.

- **Il mantello è costituito da tre strati**: il mantello superiore, la zona di transizione e il mantello inferiore.

- **La temperatura del mantello** varia da 500-900 °C nelle regioni superiori a 4500 °C vicino alla sua base.

- **Nonostante queste temperature**, la pressione molto alta aumenta il punto di fusione della roccia e la fa rimanere allo stato solido/plastico, che scorre molto lentamente.

- **Il calore si insinua dalle grandi profondità** e si sposta intorno al mantello esterno e di nuovo verso il basso: questi movimenti vengono chiamati correnti di convezione.

- **Queste correnti convettive** portano la roccia in superficie verso delle spaccature che si allargano e la portano di nuovo giù nelle zone di subduzione.

- **Si pensa che la roccia del mantello** contenga tanta acqua quanta ne contengono tutti gli oceani.

Struttura della Terra

1 Continente
2 Crosta continentale
3 Crosta oceanica
4 Zone di subduzione (la crosta oceanica scivola sotto quella continentale)
5 Dorsale medio oceanica
6 Mantello superiore
7 Correnti convettive nelle zone transizionali del mantello
8 Mantello inferiore
9 Nucleo

▶ *Questo disegno in sezione mostra il grande spessore del mantello terrestre rispetto al nucleo più piccolo e alla crosta sottile. Il magma che sale tra le placche oceaniche (5) le fa allontanare, man mano che il fondo marino si espande.*

La crosta

- La crosta terrestre è il duro guscio esterno della Terra.

- La crosta è un sottile strato di roccia densa e solida che galleggia sul mantello. È costituita principalmente da minerali silicati (minerali a base di silicio e ossigeno) come il quarzo.

- Esistono due tipi di crosta, oceanica e continentale.

▶ *L'area del Corno d'Africa e del Mar Rosso è uno dei luoghi dove la crosta oceanica della Terra è incrinata e in movimento e sta gradualmente allargando il Mar Rosso.*

Mar Rosso

Arabia Saudita

AFRICA

Struttura della Terra

- **La crosta oceanica** è la crosta che si trova sotto gli oceani. È molto più sottile - in media solo 7 km di spessore. È anche giovane e non supera i 200 milioni di anni.

- **La crosta che si trova sotto** i continenti è chiamata crosta continentale. Il suo spessore è di 80 km e buona parte di essa è antica.

- **La crosta continentale** è per lo più una roccia di basamento cristallino che ha fino a 3800 milioni di anni. Alcuni geologi pensano che almeno la metà di questa roccia abbia più di 2500 milioni di anni.

- **Si ritiene che ogni anno** si formi un chilometro cubo di nuova crosta continentale.

- **La roccia "basamento"** ha due strati principali: una metà superiore di roccia ricca di silicio, come granito, scisto e gneiss, e una metà inferiore di roccia vulcanica, come il basalto, che ha meno silice. La crosta oceanica è per lo più basalto.

- **La crosta continentale** si crea negli archi vulcanici sopra le zone di subduzione. La roccia fusa dalla piastra subconduttiva trasuda in superficie per un periodo di poche centinaia di migliaia di anni.

- **Quasi la metà** (47%) della massa della crosta è costituita dall'elemento chimico ossigeno, e più di un quarto (28%) è silicio.

LO SAPEVI?

La crosta costituisce meno dell'un percento del volume della Terra e meno dello 0,5 percento della sua massa.

Litosfera

- **Lo strato esterno e rigido** della Terra è chiamato litosfera. È costituito dalla crosta e dalla parte superiore del mantello. Ha uno spessore di circa 100 km.

- **La litosfera è stata scoperta** dalla sismologia - lo studio dei modelli di vibrazioni dei terremoti.

- **È più spessa** - circa 120 km - sotto i continenti.

- **Sotto il centro degli oceani la litosfera** è spessa solo pochi chilometri. Qui, la temperatura del mantello appena sotto la superficie è di 1300 °C.

- **Le onde sismiche rapide** dimostrano che la parte superiore del mantello è rigida come la crosta, anche se chimicamente diversa.

- **Litosfera** significa "palla di pietra".

- **La litosfera è suddivisa** in circa 20 lastre chiamate placche tettoniche. I continenti si trovano sopra le placche continentali.

- Le temperature aumentano di 35 °C per ogni 1000 m di discesa attraverso la litosfera.

- **Sotto la litosfera**, nel mantello della Terra, si trova la roccia calda e morbida dell'astenosfera.

- **Il confine tra** la litosfera e l'astenosfera si trova nel punto in cui le temperature superano i 1300 °C.

Struttura della Terra

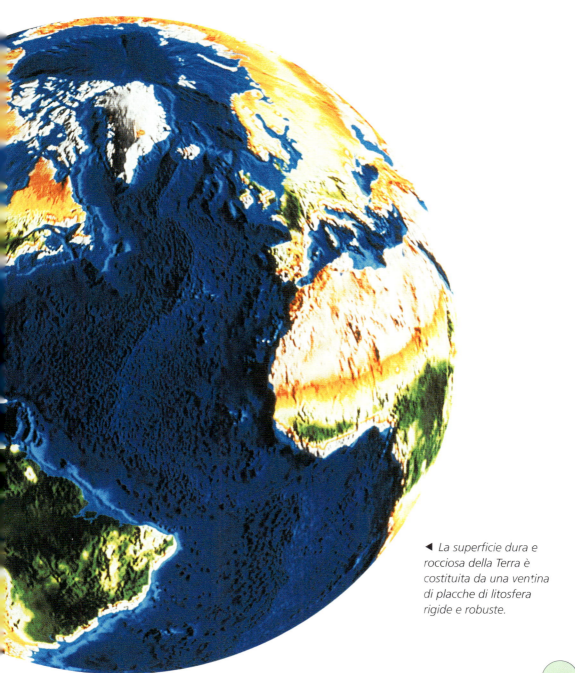

◀ La superficie dura e rocciosa della Terra è costituita da una ventina di placche di litosfera rigide e robuste.

La deriva dei continenti

1 Si pensa che anticamente la massa terrestre fosse riunita in un unico vasto continente chiamato Rodinia, che ha iniziato a separarsi circa 750 milioni di anni fa.

2 Circa 220 milioni di anni fa, tutti i continenti si sono nuovamente riuniti, formando il supercontinente Pangea. Un unico enorme oceano, noto come Pantalassa, circondava la massa terrestre.

- **La deriva dei continenti** è il lento movimento dei continenti terrestri.

- **Circa 220 milioni** di anni fa tutti i continenti erano uniti in un unico supercontinente, che i geologi chiamano Pangea.

- **La Pangea** ha iniziato a separarsi circa 190 milioni di anni fa. I frammenti si sono lentamente allontanati per formare i continenti che conosciamo oggi.

- **Il Sudamerica** era un tempo unito all'Africa. Il Nord America era unito all'Europa.

- **Il primo indizio** del fatto che i continenti anticamente erano uniti è stata la scoperta fatta dall'esploratore tedesco Alexander von Humboldt (1769-1859): si rese conto che le rocce del Brasile (Sud America) e del Congo (Africa) sono molto simili.

- **Quando il meteorologo tedesco** Alfred Wegener (1880-1930) suggerì per la prima volta l'idea della deriva continentale nel 1923, molti scienziati erano scettici.

Struttura della Terra

● **Le prove della deriva continentale** sono state date da fossili antichi simili trovati su continenti separati. Tra di essi la felce di Glossopteris trovata in Australia e India (Asia), i rettili diadettici trovati in Europa e Nord America, e il Lystrosaurus - una creatura simile a un rettile di 200 milioni di anni fa - trovata in Africa, India e Cina (Asia), e Antartide.

● **I satelliti forniscono** metodi di misurazione accuratissimi e possono registrare il lento movimento dei continenti. Il metodo principale è il laser ranging satellitare (SLR), in cui i raggi laser vengono rimbalzati verso un satellite dalle stazioni terrestri di ogni continente. Altri metodi includono il Global Positioning System (GPS) e l'interferometria a lunga base(VLBI).

● **I tassi di deriva continentale** variano. L'India si è spostata a nord verso l'Asia in tempi relativamente brevi. Il Sud America si allontana dall'Africa di 20 cm ogni anno. In media, i continenti si muovono allo stesso ritmo di crescita delle unghie.

3 Attualmente il Nord America si sta allontanando dall'Europa e si sta avvicinando all'Asia.

4 Si prevede che il prossimo supercontinente, tra 50-200 milioni di anni, sarà l'Arnasia, formato dall'unione di America e Asia.

◄ *È difficile credere che i continenti si muovano, ma in decine di milioni di anni le distanze che percorrono sono enormi. La deriva dei continenti ha cambiato molto lentamente la mappa del mondo negli ultimi 200 milioni di anni, e continuerà a farlo.*

Le placche tettoniche

- **La superficie terrestre** è divisa in lastre spesse chiamate placche tettoniche. Ogni placca è un frammento dello strato esterno rigido della Terra, o litosfera.

- **Ci sono circa** dieci placche grandi e decine di placche più piccole.

- **La più grande** è la placca del Pacifico, che si trova sotto l'intero Oceano Pacifico.

- **Le placche tettoniche si muovono** continuamente, in media di circa 10 cm all'anno. Nel corso di milioni d'anni percorrono grandi distanze: alcune di esse hanno percorso metà del globo.

- **I continenti sono incorporati** nella maggior parte delle placche e si muovono con esse.

- **La placca del Pacifico** è l'unica di grandi dimensioni sulla quale non è situato alcun continente.

- **Il movimento delle placche tettoniche** spiega molti eventi geologici, tra cui i modelli di attività vulcanica e sismica in tutto il mondo.

- **Esistono tre tipi** di confine tra le placche: convergente, divergente e a scorrimento laterale.

- **Probabilmente le placche tettoniche** sono spinte da correnti convettive di roccia fusa che circolano all'interno del mantello terrestre.

- **Fino a 500 milioni di anni fa, la litosfera** era troppo sottile perché si formassero le placche tettoniche.

LO SAPEVI?
Grazie ai satelliti GPS (Global Positioning System), ogni minimo movimento delle placche può essere monitorato quotidianamente.

Struttura della Terra

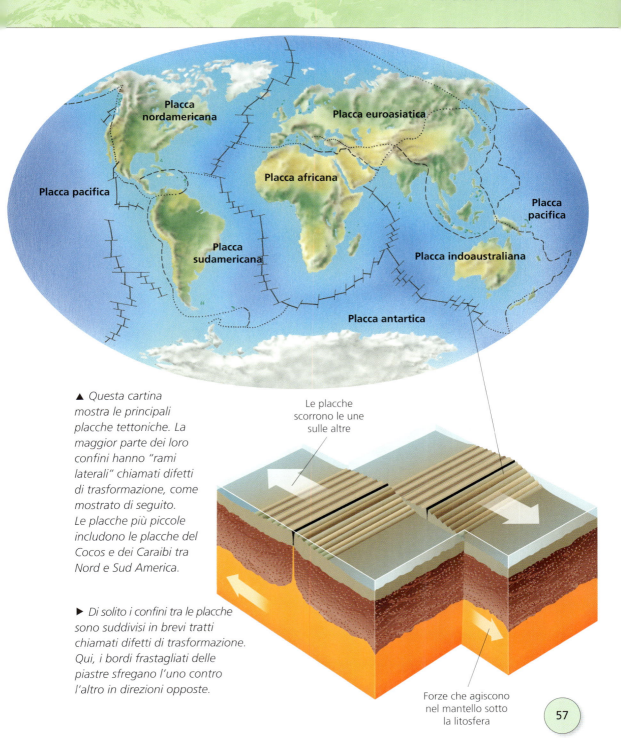

▲ *Questa cartina mostra le principali placche tettoniche. La maggior parte dei loro confini hanno "rami laterali" chiamati difetti di trasformazione, come mostrato di seguito. Le placche più piccole includono le placche del Cocos e dei Caraibi tra Nord e Sud America.*

▶ *Di solito i confini tra le placche sono suddivisi in brevi tratti chiamati difetti di trasformazione. Qui, i bordi frastagliati delle piastre sfregano l'uno contro l'altro in direzioni opposte.*

57

Placche convergenti

- **In molti luoghi** del mondo, le placche tettoniche che compongono la crosta terrestre si sbriciolano lentamente con una forza enorme.

- **L'Oceano Atlantico** si sta allargando, allontanando le Americhe dall'Europa e dall'Africa, ma la Terra non si sta ingrandendo.

- **Mentre i bordi occidentali** delle placche americane si scontrano con la placca dell'Oceano Pacifico, la placca oceanica, più sottile e densa, viene spinta giù nel mantello caldo della Terra e si fonde.

- **Il processo che spinge** una placca oceanica verso l'interno della Terra si chiama subduzione.

- **La subduzione crea** profonde fosse oceaniche, in genere a 6-7 km di profondità. Una di queste, la Fossa delle Marianne, ha il suo punto più profondo a 11 km.

▼ *Questo spaccato dei 1000 km superiori della superficie terrestre mostra una zona di subduzione - dove una placca oceanica è piegata sotto una placca continentale.*

- Fossa oceanica
- La placca oceanica subdotta si piega
- La placca subdotta si fonde diventando magma
- Magma che risale
- Vulcani lungo il margine della placca sovrapposta
- Crosta continentale
- Litosfera continentale
- Mantello caldo

Struttura della Terra

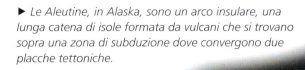

▶ *Le Aleutine, in Alaska, sono un arco insulare, una lunga catena di isole formata da vulcani che si trovano sopra una zona di subduzione dove convergono due placche tettoniche.*

- **Quando una placca oceanica si piega** verso il mantello della Terra, si incrina. Il movimento di queste crepe provoca terremoti fino a 700 km sotto la superficie. Queste zone sismiche sono chiamate zone Benioff-Wadati, dal nome di due esperti, l'americano Hugo Benioff (1899-1968) e il giapponese Kiyoo Wadati (1902-1995), che le hanno scoperte negli anni '50.

- **Una placca oceanica si scioglie** scivolando verso il basso e crea bolle di magma che galleggiano verso la superficie, spingendosi attraverso la debole crosta per creare una linea di vulcani lungo il bordo della placca continentale.

- **Se i vulcani nelle zone di subduzione emergono** nel mare formano una linea curva di isole vulcaniche chiamata arco vulcanico. Al di là di quest'arco si trova il bacino posteriore, un'area di mare poco profonda che si riempie lentamente di sedimenti.

- **Quando una placca subduttiva affonda**, la placca continentale raschia i sedimenti dalla placca oceanica e li impila in un grande cuneo. Tra questo cuneo e l'arco vulcanico può esserci un bacino di sedimentazione, ovvero un tratto di mare poco profondo che lentamente si riempie di sedimenti.

- **Nel punto in cui due placche continentali si scontrano**, si dividono in due strati: uno strato inferiore costituito di una densa roccia del mantello superiore e uno strato superiore di roccia crostale più leggera, che galleggia troppo per essere subdotta. Quando la roccia del mantello scende, la roccia crostale si stacca e si accartoccia contro l'altra per formare le montagne.

59

Placche divergenti

- **Sul fondo dell'oceano**, alcune delle placche tettoniche della crosta terrestre si stanno lentamente separando. Nuove rocce fuse spuntano dal mantello nella fessura tra di esse e si solidificano sui bordi. Quando le placche vengono distrutte nelle zone di subduzione, la nuova placca più ampia si diffonde sul fondo dell'oceano: questo fenomeno si chiama propagazione dei fondali marini.

- **La diffusione o divergenza** del fondo oceanico si concentra su lunghe creste lungo il centro di alcuni oceani, chiamate dorsali oceaniche. Alcune di queste creste si uniscono, formando la catena montuosa più lunga del mondo, che si snoda per oltre 60.000 km sotto gli oceani.

- **La Dorsale Medio Atlantica** si estende attraverso l'Oceano Atlantico dal Polo Nord al Polo Sud. La Dorsale Pacifico Antartica si snoda sotto l'Oceano Pacifico dal Messico all'Antartide.

- **Lungo il centro** di una dorsale medio oceanica si trova un profondo canyon. È in quel punto che la roccia fusa del mantello spunta dal fondo marino.

- **Le dorsali medio oceaniche** sono interrotte dalla curva della superficie terrestre in brevi sezioni a gradini. Ogni sezione è contrassegnata da una lunga fessura laterale chiamata faglia trasforme. Man mano che il fondo marino si estende da una cresta, i lati della faglia sfregano tra di loro, provocando terremoti.

- **Mentre la roccia fusa sgorga** da una cresta, si raffredda e si indurisce, il suo materiale magnetico si solidifica in un certo modo per allinearsi con il campo magnetico terrestre. Poiché il campo di tanto in tanto si inverte, le bande di materiale si induriscono con il magnetismo in direzioni alternate. Questo significa che gli scienziati possono vedere come il fondo marino si è diffuso in passato.

Struttura della Terra

- **La velocità di diffusione del fondale marino** variano da 1 a 20 cm all'anno. Le dorsali a diffusione lenta, come la Dorsale Medio Atlantica, sono più alte, con i monti marini che spesso le ricoprono. Le creste a diffusione rapida, come la Dorsale Pacifico Antartica, sono più basse, e il magma trasuda da questi vulcani a fessura sulla superficie.

- **Il magma caldo che ribolle** attraverso una dorsale medio oceanica emerge come lava calda. Quando entra in contatto con l'acqua fredda del mare, si solidifica in gocce di lava a cuscino.

- **Le dorsali medio oceaniche possono** formarsi dove gli zampilli di Morgan salgono attraverso il mantello e fuoriescono attraverso il fondale. Gli zampilli possono anche sgorgare attraverso i continenti e formare crepe a forma di Y, che iniziano come valli di rift e poi si allargano in nuovi oceani.

> **LO SAPEVI?**
> Ogni anno sulle dorsali medio oceaniche si formano circa 10 km cubi di nuova crosta.

▼ Lo spaccato dei primi 50 km della superficie terrestre mostra come i fondali marini si stiano allontanando dalla dorsale medio oceanica.

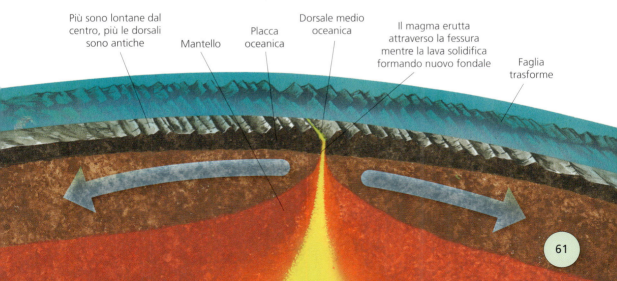

Faglie

- **Una faglia** è una frattura nella roccia lungo la quale grandi blocchi di roccia sono scivolati l'uno accanto all'altro.

- **Le faglie si verificano** di solito nelle zone di frattura, che spesso si trovano lungo i confini tra le placche tettoniche. Generalmente le faglie sono causate da terremoti.

- **I singoli terremoti** raramente muovono blocchi per più di pochi centimetri, mentre piccoli terremoti ripetuti possono spostare i blocchi per centinaia di chilometri.

- **Le faglie di compressione** sono causate da rocce che vengono schiacciate insieme, probabilmente da placche convergenti.

- **Le faglie di distensione** sono causate da rocce che vengono unite, probabilmente da piastre divergenti.

▶ La Faglia di Sant'Andrea è l'esempio più famoso di faglia trascorrente

Struttura della Terra

- **Le faglie normali**, o dip-slip, sono faglie di distensione in cui la roccia si rompe e scivola direttamente verso il basso.

- **Le faglie trascorrenti** si verificano quando le piastre scorrono l'una accanto all'altra e fanno scivolare i blocchi orizzontalmente.

- **Le grandi faglie**, come quella di Sant'Andrea in California, USA, sono chiamate faglie trascorrenti.

- **Le fosse tettoniche sono enormi** valli di forma rettangolare create da faglie, come la Great Rift Valley in Africa. Il fondovalle è un blocco depresso chiamato graben. Alcuni geologi pensano che vengano causati dalla tensione, altri dalla compressione.

- **I blocchi di Horst** sono blocchi di roccia posti tra le faglie normali, che spesso creano un altopiano.

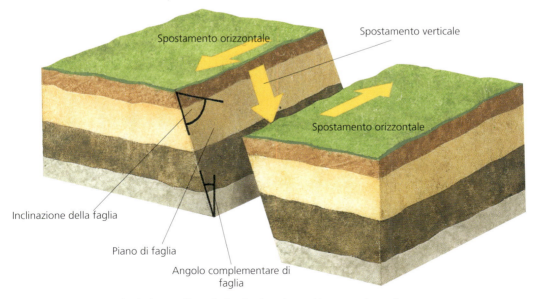

▲ *I geologi che studiano le faglie descrivono i loro movimenti con i termini illustrati qui sopra.*

Pieghe

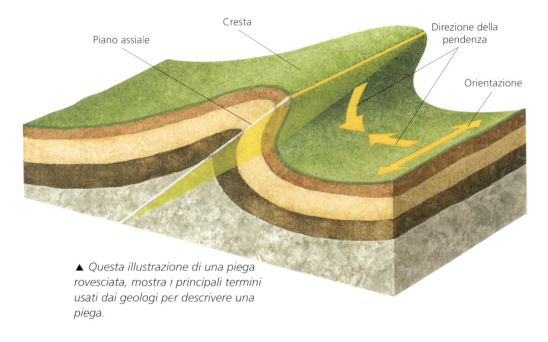

▲ Questa illustrazione di una piega rovesciata, mostra i principali termini usati dai geologi per descrivere una piega.

- **Le rocce di solito sono costituite da** strati piatti. Le placche tettoniche possono scontrarsi con una forza tale da accartocciare questi strati.

- **A volte le pieghe** sono solo piccole grinze lunghe pochi centimetri. Altre volte sono enormi, con centinaia di chilometri tra le creste (i punti più alti di una piega).

- **La forma di una piega** dipende dalla forza di compressione e dalla resistenza della roccia.

- **Il pendio di una piega** è detto dip. La direzione del dip è quella della pendenza.

Struttura della Terra

LO SAPEVI?
La maggior parte del petrolio terrestre proviene da giacimenti intrappolati all'interno di anticlinali.

- **Lo strike della piega** è ad angolo retto rispetto all'avvallamento e rappresenta l'allineamento orizzontale della piega.

- **Alcune pieghe** si ripiegano su loro stesse per formare pieghe rovesciate.

- **Man mano che le pieghe rovesciate** si ripiegano sopra altre pieghe, gli strati accartocciati possono accumularsi e costituire le montagne.

- **Una piega concava verso l'alto** si chiama sinclinale. Una piega convessa verso l'alto è chiamata anticlinale.

- **Il piano assiale** di una piega divide la piega in due metà.

▼ *Gli strati di roccia curvati e piegati sono chiaramente visibili in questa scogliera nella valle dell'Ugab in Damaraland, Namibia.*

Picchi montani

▼ Le alte vette come l'Everest sono frastagliate perché enormi pieghe fessurano la roccia e la rendono vulnerabile alle gelate e all'erosione.

Struttura della Terra

- **Alcune vette**, come il Kilimanjaro in Africa, sono vulcani solitari costituiti in seguito alle eruzioni.

- **Alcune montagne vulcaniche**, come il monte Fuji in Giappone, appartengono a catene di archi vulcanici.

- **La maggior parte delle montagne più alte** fanno parte di grandi catene montuose che si estendono per centinaia di chilometri.

- **Alcune catene montuose** sono enormi lastre di roccia chiamate blocchi di faglia, costituiti in seguito alle scosse di terremoto.

- **Altre catene montuose**, come l'Himalaya in Asia e le Ande in America del Sud, sono montagne tettoniche.

- **L'altezza delle montagne** veniva misurata a terra, utilizzando livelle e dispositivi per misurare gli angoli. Ora, le montagne vengono misurate con precisione utilizzando tecniche satellitari.

- **Le misure satellitari** del 1999 hanno innalzato l'altezza della vetta più alta del mondo, il Monte Everest sull'Himalaya, in Nepal, da 8848 m a 8850 m.

- **L'altezza dell'Everest** è stata poi riportata a 8848 m.

- **Le temperature scendono** di 0,6 °C per ogni 100 m di salita, quindi le cime delle montagne sono molto fredde e spesso ricoperte di neve.

- **L'aria è più rarefatta** in alta montagna, quindi la pressione è più bassa.

- **Nell'aria più rarefatta** c'è anche meno ossigeno. Gli animali si sono adattati perfettamente e hanno polmoni più grandi e un maggior numero di globuli rossi.

- **Gli alpinisti possono avere bisogno** di maschere di ossigeno per respirare, specialmente sopra gli 8000 m.

Catene montuose

- **Le grandi catene montuose**, come le Ande in America del Sud, di solito si trovano lungo i margini dei continenti.

- **La maggior parte delle catene montuose** si sono formate grazie al ripiegamento di strati rocciosi avvenuto mentre le placche tettoniche si muovevano.

- **Le alte catene montuose** sono geologicamente giovani perché non si sono ancora consumate.

- **La formazione delle montagne** è un processo molto lento perché le rocce scorrono come una spessa melassa. La roccia è spinta verso l'alto come l'onda di prua da una barca, mentre una placca tettonica spinge verso un'altra.

▼ Le catene montuose come le Alpi in Europa si sono formate grazie all'accartocciamento di strati rocciosi dovuto allo scontro delle placche tettoniche.

Struttura della Terra

- **Le tecniche satellitari** dimostrano che le vette centrali delle Ande e dell'Himalaya si stanno alzando. Le cime esterne stanno affondando mentre la roccia si allontana lentamente dall' "onda di prua".

- **La formazione delle montagne è molto attiva** durante le fasi orogeniche (formazione della montagna), che durano milioni di anni.

- **Il processo con cui si formano le montagne** rende la crosta terrestre particolarmente spessa sotto di loro, dando alle montagne "radici" profonde.

- **Quando le montagne sono consumate**, il loro peso si riduce e le "radici" galleggiano verso l'alto. Questo fenomeno si chiama isostasia.

Vulcani e terremoti

Vulcani

- **I vulcani sono luoghi** sulla crosta terrestre in cui il magma (roccia liquida e calda proveniente dall'interno della Terra) erutta o fluisce in superficie.

- **La parola "vulcano"** deriva da Vulcano, un'isola vulcanica nel Mediterraneo. Nella mitologia dell'antica Roma, Vulcano, dio del fuoco e fabbro degli dei, forgiava le sue armi nel fuoco sotto la montagna di Vulcano.

- **Esistono molti tipi di vulcani**. I più caratteristici sono i vulcani compositi a forma di cono, che si formano dall'alternanza di strati di cenere e lava in eruzioni successive.

- **Sotto un vulcano composito** normalmente si trova un grande serbatoio di magma chiamato camera magmatica. Il magma si raccoglie nella camera prima di un'eruzione.

- **Dalla camera magmatica** uno stretto sfiato, o camino, conduce in superficie. Il magma esplode passando attraverso il cono di detriti sulla cima, costruito a partire da precedenti eruzioni.

- **Quando un vulcano erutta**, il magma viene spinto su per lo sfiato dai gas al suo interno.

- **Quando si avvicina alla superficie**, la pressione si abbassa, il che permette ai gas disciolti al suo interno di formare bolle. I gas in espansione - per lo più anidride carbonica e vapore - spingono la roccia fusa verso l'alto e fuori dallo sfiato.

▶ *Questo spaccato di un vulcano in eruzione rivela la bocca centrale attraverso la quale la roccia fusa rovente si muove verso l'alto. In realtà, la camera magmatica si trova in profondità nel sottosuolo, tra uno e 10 km sotto la superficie.*

Vulcani e terremoti

Il vecchio materiale vulcanico proveniente da precedenti eruzioni ostruisce lo sfiato. Una nuova eruzione frantuma il tappo in minuscoli pezzi di cenere e lapilli, e li fa esplodere in alto nell'aria.

- **Se il livello del magma** nella camera magmatica scende, la parte superiore del cono del vulcano può collassare al suo interno. Questo forma un cratere chiamato caldera, che in spagnolo significa "pentola bollente".

- **La caldera più grande del mondo** è Toba sull'isola di Sumatra, in Indonesia, che misura 1775 km^3.

- **Quando una caldera si abbassa**, l'intero cono può crollare nella vecchia camera magmatica. La caldera può riempirsi d'acqua e formare un lago vulcanico, come il Crater Lake in Oregon, USA.

- **Non tutto il magma sgorga** dalla bocca centrale, una parte esce attraverso delle bocchette laterali ramificate, che spesso hanno dei piccoli coni "parassiti" sul fianco di quello principale.

Tra i molti tipi di materiale espulso, chiamato tefra, ci sono le bombe vulcaniche ovvero frammenti della guglia vulcanica frantumata che vengono sparati in tutte le direzioni.

Tipi di vulcano

- **Tutti i vulcani** e le eruzioni sono leggermente differenti gli uni dagli altri.

- **I vulcani a scudo** hanno la forma di scudi curvi o cupole basse ed eruttano lava fluida, che si diffonde coprendo un'ampia area.

- **Le fessure vulcaniche** sono luoghi dove fiumi di lava fuoriescono da lunghe fessure nel terreno.

- **I vulcani compositi** sono a forma di cono. Si formano dagli strati di eruzioni esplosive in successione.

- **I coni di cenere** sono formati da cenere, e poca lava.

- **Le eruzioni stromboliane** sono eruzioni moderatamente esplosive di magma appiccicoso e denso. Fanno fuoriuscire bolle sfrigolanti di lava chiamate bombe di lava.

- **Le eruzioni vulcaniane** sono esplosive e fanno fuoriuscire magma spesso e appiccicoso. Il magma blocca lo sfiato del vulcano tra raffiche di nubi di cenere e spesse colate laviche.

▼ L'eruzione del Vesuvio nel 79 d.C. ha causato il panico completo nella città di Pompei. L'eruzione ha coperto l'intera città con uno spesso strato di cenere.

Vulcani e terremoti

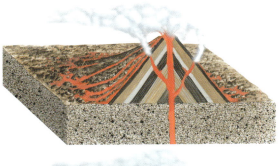

◀ Il magma denso crea vulcani esplosivi a forma di cono, costituiti in parte da cenere, che a volte presentano un cratere. Il magma più fluido crea vulcani più piatti che trasudano lava.

Un vulcano composito, o stratovulcano, ha dei lati ripidi formati da strati di lava e cenere.

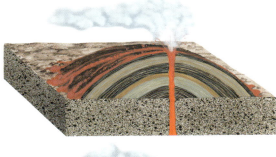

Un vulcano a scudo ha una forma bassa, larga, con lati leggermente inclinati.

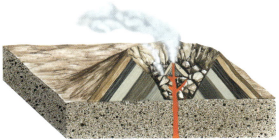

Una caldera è un enorme cratere rimasto in seguito a una vecchia eruzione. Spesso al suo interno si formano nuovi coni.

- **Le eruzioni peleane** sono le più violente, ed espellono valanghe incandescenti di cenere e gas chiamate nuée ardentes (in francese "nuvole incandescenti").

- **Le eruzioni pliniane** sono le più esplosive. Prendono il nome dallo scrittore e giurista dell'antica Roma Plinio che ha assistito all'eruzione del Vesuvio, in Italia, nel 79 a.C.

- **Durante le eruzioni pliniane**, i gas bollenti fanno esplodere nell'atmosfera nubi di cenere e frammenti vulcanici per molti chilometri.

Eruzioni vulcaniche

- **I vulcani eruttano** a causa del magma - la roccia calda e liquida sotto la superficie terrestre. Il magma è meno denso della roccia sovrastante, e quindi "galleggia" o sale verso la superficie.

- **Quando il magma è fluido**, le eruzioni sono "effusive", il che significa che trasudano lava per tutta la loro durata.

- **Quando il magma è denso e appiccicoso**, le eruzioni sono esplosive. Il magma ostruisce la bocca del vulcano fino a quando non si accumula una pressione sufficiente per farla esplodere, come un tappo di spumante.

- **Un'eruzione esplosiva** diffonde globi di magma caldo, cenere, gas e vapore in alto nell'aria.

- **I frammenti** del tappo vulcanico che vengono espulsi sono chiamati piroclasti, dal greco antico "fuoco rotto".

- **I vulcani di solito eruttano** di continuo. L'intervallo tra le eruzioni, chiamato tempo di riposo, varia da pochi minuti a migliaia di anni.

- **Il magma vicino alle zone di subduzione** contiene dieci volte più gas, quindi le eruzioni sono violente.

▶ *La possente eruzione del 1980 di Mount St Helens a Washington, USA, aveva un'intensità di 5 sulla scala VEI.*

Vulcani e terremoti

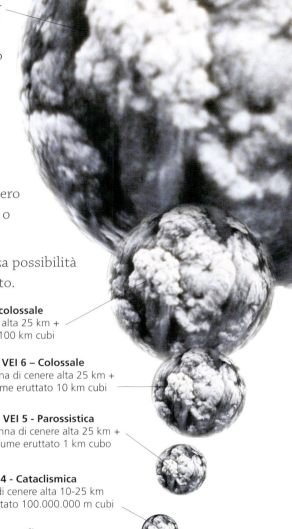

VEI 8 - Mega-colossale
Colonna di cenere alta 25 km +
Volume eruttato 1000 km cubi

- **Il gas all'interno del magma** può espandersi centinaia di volte in pochi secondi.

- **I vulcani che eruttano regolarmente** sono noti come attivi.

- **I vulcani inattivi** ma che potrebbero eruttare in futuro sono dormienti o "addormentati".

- **Un vulcano antico e morto**, senza possibilità di eruzioni future, si chiama estinto.

VEI 7 - Super-colossale
Colonna di cenere alta 25 km +
Volume eruttato 100 km cubi

VEI 6 – Colossale
Colonna di cenere alta 25 km +
Volume eruttato 10 km cubi

▶ *L'indice di esplosività vulcanica (VEI) fornisce una misura della potenza delle eruzioni. Ogni fase rappresenta un aumento di dieci volte dell'esplosività.*

VEI 5 - Parossistica
Colonna di cenere alta 25 km +
Volume eruttato 1 km cubo

VEI 4 - Cataclismica
Colonna di cenere alta 10-25 km
Volume eruttato 100.000.000 m cubi

VEI 3 - Catastrofica
Colonna di cenere alta 3-15 km
Volume eruttato 10.000.000 m cubi

VEI 2 - Esplosiva
Colonna di cenere alta 1-5 km
Volume eruttato 1.000.000 m cubi

VEI 1 - Leggera
Colonna di cenere alta 100-1000 m
Volume eruttato 10.000 m cubi

Lava e cenere

- **Quando un vulcano erutta** emette una varietà di materiali caldi, tra cui lava, frammenti di roccia, ceneri, e gas.

- **Lava è il nome** della roccia fusa calda una volta che è fuoriuscita, mentre quando è ancora sottoterra si chiama magma.

▼ *Le isole vulcaniche spesso trasudano lava, chiamata lava di tipo "aa", come questa colata sull'isola della Réunion, nell'Oceano Indiano.*

Vulcani e terremoti

- **Tefra è il materiale** fatto esplodere nell'aria da un'eruzione e comprende piroclasti e bombe vulcaniche.

- **I piroclasti sono grandi frammenti** di roccia vulcanica solidificata che vengono espulsi da vulcani esplosivi quando la bocca eruttiva collassa. Generalmente i piroclasti hanno un diametro di 0,3-1 m.

- **Le grandi eruzioni** possono far esplodere in aria piroclasti del peso di una o più tonnellate alla velocità di un aereo a reazione.

- **Le ceneri e i lapilli** sono dei tipi di piccoli piroclasti. Le ceneri hanno un diametro di 6,4-30 cm, i lapilli di 0,1-6,4 cm.

- **Le bombe vulcaniche** sono bolle di magma fuso che si raffreddano e si induriscono mentre volano nell'aria.

- **Le bombe "a crosta di pane"** hanno una crosta dura. Il centro caldo e in espansione fa rompere la crosta, come quella di una pagnotta.

- **Circa il 90%** del materiale espulso dai vulcani esplosivi non è lava, bensì tefra, come la cenere.

LO SAPEVI?
La pietra pomice è costituita da schiuma di lava: è talmente piena di bolle d'aria che galleggia.

Vulcani di hot spot

- **Circa il 5%** dei vulcani non sono vicini ai margini delle placche tettoniche. Invece, si pensa che si trovino sopra delle zone in cui la Terra in profondità è particolarmente calda, chiamate hot spot.

- **Gli hot spot** vengono creati dagli zampilli di Morgan, cioè correnti calde che si innalzano dal nucleo attraverso il mantello.

- **Gli zampilli di Morgan** hanno una lunghezza di circa 500-1000 km. Sorgono da una profondità di 3000 km e si fondono attraverso la crosta per creare vulcani di hot spot.

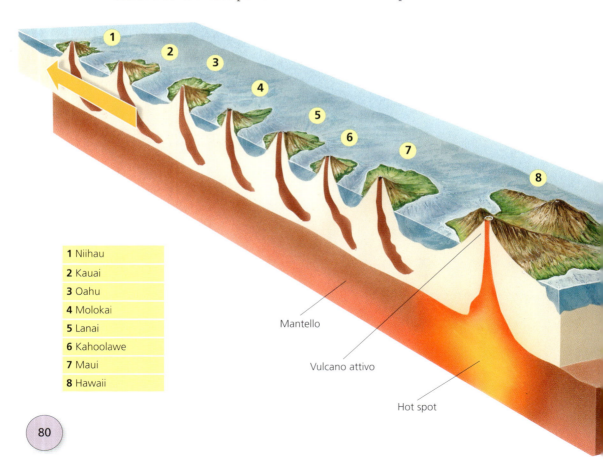

1 Niihau
2 Kauai
3 Oahu
4 Molokai
5 Lanai
6 Kahoolawe
7 Maui
8 Hawaii

Mantello

Vulcano attivo

Hot spot

Vulcani e terremoti

- **Tra i vulcani di hot spot più famosi** ci sono le isole Hawaiane nell'Oceano Pacifico e la catena di montagne sottomarine di Sant'Elena (montagne completamente sommerse) nell'Oceano Atlantico.

- **Dai vulcani di hot spot** fuoriesce lava fluida che si spande per creare vulcani a scudo.

- **Gli hot spot rimangono** nello stesso posto mentre le placche scivolano in superficie. Ad intervalli, quando la placca si muove, si crea un nuovo vulcano.

- **Le isole Hawaii** si trovano alla fine di una catena di vecchi vulcani lunga 6000 km. La catena inizia con la Meiji Seamount, situata a nord-est del Giappone.

- **I geyser**, le sorgenti calde e le pozze di fango ribollente del Parco Nazionale di Yellowstone, USA, indicano che al di sotto si trova un hot spot.

- **Yellowstone ha eruttato** tre volte negli ultimi due milioni di anni. La prima ha prodotto oltre 2000 volte più lava dell'eruzione di Mount St Helens nel 1980.

  - **Un'altra teoria** sostiene che gli hot spot non sono insolitamente caldi. Sono luoghi dove la litosfera è più sottile a causa dei movimenti tettonici, e il normale materiale del mantello vi risale attraverso.

◀ Nel punto in cui la placca del Pacifico si è spostata gradualmente su un hot spot si è formata la catena delle isole Hawaii.

81

Terremoti

- **I terremoti sono una scossa del terreno.** Alcuni sono leggeri tremori che a malapena fanno muovere una culla, altri sono così violenti da poter radere al suolo città e montagne.

- **I piccoli terremoti** possono essere provocati da frane o eruzioni vulcaniche. I grandi terremoti sono scatenati dai movimenti delle placche tettoniche che costituiscono la superficie terrestre.

▼ Durante un terremoto, le onde d'urto si irradiano in cerchi verso l'esterno e verso l'alto dal centro focale del terremoto. Il danno causato è maggiore nell'epicentro, dove le onde sono più forti, ma le vibrazioni possono essere percepite a più di 1000 km di distanza.

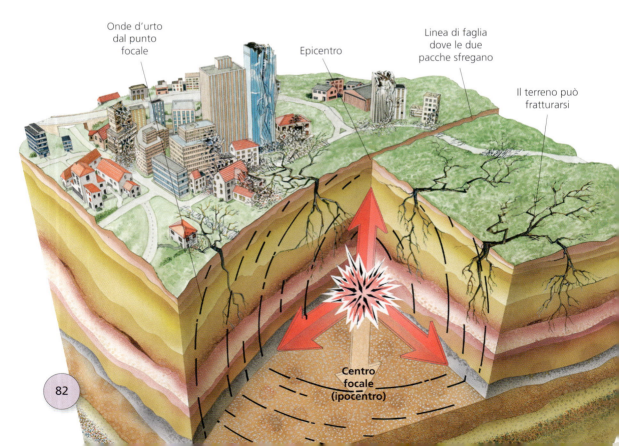

Vulcani e terremoti

- **Le placche tettoniche** scorrono continuamente l'una accanto all'altra, ma a volte si bloccano. In questo modo la roccia si piega e si allunga, finché non scatta. Questo fa sobbalzare le placche, emettendo onde d'urto che causano scosse che possono essere percepite da lontano.

- **In genere, in un anno le placche tettoniche scorrono** 4 o 5 cm l'una accanto all'altra. In uno slittamento che innesca una scossa importante, possono scivolare per più di un metro in pochi secondi.

- **Nella maggior parte dei terremoti**, alcune scosse minori (premonitrici) sono seguite da un'intensa esplosione della durata di uno o due minuti. Una seconda serie di scosse minori (scosse di assestamento) si verifica nelle ore successive.

- **Il punto di partenza** di un terremoto sotterraneo in cui viene rilasciata la maggior parte dell'energia è chiamato centro focale, o ipocentro.

- **L'epicentro** di un terremoto è il punto in superficie direttamente sopra il centro focale.

- **Gli effetti di un terremoto** sono di solito più forti nell'epicentro e diventano gradualmente più deboli con la distanza.

- **Le regioni chiamate zone sismiche** sono particolarmente soggette a terremoti. La maggior parte di queste zone si trovano lungo i bordi delle placche tettoniche.

- **I terremoti poco profondi** hanno origine a 0-70 km sotto terra, e sono quelli che causano i danni maggiori.

- **Un terremoto intermedio** inizia a una profondità di 70-300 km.

- **Le scosse profonde** partono da oltre 300 km. I terremoti più profondi mai registrati hanno avuto origine a più di 600 km sotto la superficie.

Danni sismici

▲ Questo ponte di Santiago del Cile è crollato dopo il terremoto di magnitudo 8,8 del 27 febbraio 2010. Almeno 82 persone sono rimaste uccise.

- **Alcune delle principali città del mondo** si trovano in zone sismiche, come Los Angeles negli Stati Uniti, Città del Messico in Messico e Tokyo in Giappone.

Vulcani e terremoti

- **Terremoti intensi** possono causare il crollo di edifici e distruggere strade, linee ferroviarie, ponti e gallerie.

- **Quando le autostrade sono crollate** nel terremoto del 1989 a San Francisco, negli Stati Uniti, alcune automobili sono state schiacciate fino a raggiungere i 50 cm di spessore.

- **Il terremoto del 1906** a San Francisco distrusse 400 km di binari ferroviari intorno alla città.

- **Alcuni dei peggiori danni sismici** sono causati da incendi, spesso provocati da danni ai tubi del gas e del petrolio e ai cavi elettrici.

- **Nel 1923**, 200.000 persone sono morte nella tempesta di fuoco che ha inghiottito la città di Tokyo, in Giappone. Il terremoto ha avuto luogo a mezzogiorno, rovesciando migliaia di fuochi domestici accesi pronti per cucinare il pranzo.

- **Nel terremoto di Kobe** del 1995 in Giappone, e nel terremoto di San Francisco del 1989, alcuni dei peggiori danni sono stati causati agli edifici costruiti sulle discariche - materiale sfuso gettato sul suolo per costituire il terreno.

- **Si ritiene che il terremoto che ha ucciso** il maggior numero di persone abbia colpito lo Shaanxi, in Cina, nel 1556; si stima che abbia mietuto 830.000 vittime.

LO SAPEVI?

Ogni anno avvengono probabilmente più di un milione di terremoti, ma meno di 25.000 sono rilevati da strumenti scientifici.

Misurazione dei terremoti

- **I terremoti vengono misurati** con un dispositivo chiamato sismometro.

- **La scala Richter** misura la magnitudo (dimensione) di un terremoto su una scala da uno a dieci. Ogni scaglione successivo indica un aumento di dieci volte dell'energia.

- **La scala Richter** è stata ideata nel 1930 dal geofisico americano Charles Richter (1900-1985).

- **La scala Mercalli modificata** valuta la gravità di un terremoto in base ai suoi effetti.

- **La scala Mercalli** è stata ideata dallo scienziato italiano Giuseppe Mercalli (1850-1914).

- **Un terremoto di primo grado della scala Mercalli** è quasi impercettibile. Un terremoto di dodicesimo grado della scala Mercalli provoca una distruzione quasi totale.

- **La moderna scala di misurazione** chiamata Magnitudo Momento combina i risultati della scala Richter con le osservazioni dei movimenti delle rocce e misura la quantità di energia rilasciata. I suoi numeri sono simili a quelli scala Richter.

- **Il terremoto più potente** mai registrato è stato quello di Valdivia in Cile il 12 maggio 1960, con un'intensità di 9,5 sulla scala di magnitudo del momento.

- **Il terremoto nell'Oceano Indiano** del dicembre 2004, che ha scatenato uno tsunami, aveva un'intensità di 9,3 gradi della scala Richter.

- **10-20 terremoti** all'anno raggiungono il settimo grado della scala Richter.

Vulcani e terremoti

SCALA MERCALLI	
I. Impercettibile	Rilevato solo dai sismografi
II. Molto leggera	Avvertita da poche persone, specialmente ai piani più alti
III. Leggera	Avvertita da alcune persone, specialmente all'interno e ai piani più alti degli edifici.
IV. Moderata	Avvertita dalle persone all'interno e da alcune all'esterno. Finestre e porte sbattono, le auto parcheggiate ondeggiano.
V. Piuttosto forte	Avvertita dalla maggior parte delle persone. Chi dorme si sveglia, i piccoli oggetti cadono e gli alberi ondeggiano.
VI. Forte	Avvertita da tutti. Difficile camminare. Gli oggetti pesanti si muovono. I danni strutturali sono leggeri.
VII. Molto forte	Difficile rimanere in piedi. Danni alle aree urbane ben costruite da leggeri a moderati. Danni moderati alle strutture non ben costruite.
VIII. Rovinosa	Danni considerevoli alle costruzioni ordinarie, alcune possono in parte crollare. Danni gravi agli edifici mal costruiti.
IX. Distruttiva	Ingenti danni alle costruzioni ordinarie, con crolli parziali. Gli edifici vengono spostati dalle fondamenta.
X. Completamente distruttiva	Alcune buone costruzioni di legno vengono distrutte. Gran parte delle costruzioni in pietra e di quelle con telaio vengono distrutte con le fondamenta. Rotaie piegate.
XI. Catastrofica	Rimangono in piedi poche strutture. Ponti distrutti. Rotaie ferroviarie deformate.
XII. Apocalittica	Danni totali. Il suolo si muove a onde e il paesaggio è alterato. Oggetti lanciati in aria.

▲ *La scala Mercalli valuta la gravità di un terremoto in base al danno che causa su una scala da uno a 12 (I-XII).*

Onde sismiche

- **Le onde sismiche** sono le vibrazioni emesse attraverso il terreno dai terremoti.

- **Ci sono due tipi** di onde sismiche profonde: onde primarie (P) e onde secondarie (S).

- **Le onde P** viaggiano a 5 km al secondo e si muovono schiacciando e allungando a turno la roccia.

- **Le onde S** viaggiano a 3 km al secondo e muovono il terreno su e giù o da un lato all'altro.

- **Esistono due tipi** di onde sismiche di superficie: onde di Love (Q) e onde di Rayleigh (R).

▼ Qui si vede come il terreno è fatto vibrare dalle onde sotterranee (onde P e S) e superficiali (onde Q e R).

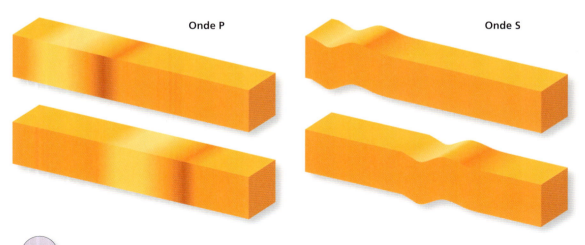

Onde P Onde S

Vulcani e terremoti

- **Le onde di Love** scuotono la terra da un lato all'altro in un movimento a scatti che può rovesciare edifici alti.

- **Le onde di Rayleigh** scuotono il terreno in verticale, facendo sembrare che esso rotoli.

- **Nel terreno compatto**, le onde del terremoto viaggiano troppo velocemente per essere viste. Tuttavia, possono trasformare i sedimenti in un materiale fluido, in questo caso si vedono le onde sismiche incresparsi sul terreno come onde nel mare.

LO SAPEVI?
Alcune onde sismiche viaggiano a una velocità 20 volte superiore a quella del suono.

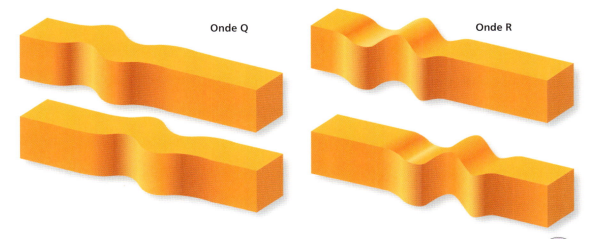

Onde Q   Onde R

Prevedere i terremoti

- **Un modo per prevedere** i terremoti è studiare quelli del passato.

- **Se per un po' di tempo non c'è stato alcun terremoto** in un'area a rischio, è più probabile che ce ne sarà uno a breve. Più tempo è passato, più intenso sarà il prossimo terremoto.

- **Le lacune sismiche** sono luoghi in zone sismiche attive dove non c'è stata alcuna attività sismica. Questo è il luogo in cui è più probabile che si verifichi un forte terremoto.

- **I sismologi usano strumenti di terra** e i raggi laser rimbalzati dai satelliti per rilevare piccole distorsioni nella roccia, che possono indicare un accumulo di tensione.

- **Una rete** di quattro stazioni satellitari laser collegate chiamate Keystone monitora i movimenti a terra nella baia di Tokyo, in Giappone, in modo da poter prevedere i terremoti.

- **Il livello dell'acqua** nel terreno può indicare una deformazione. La roccia può spremere l'acqua del sottosuolo verso la superficie.

- **Anche l'aumento dei livelli superficiali** del gas radon sotterraneo può indicare che la roccia è in fase di compressione.

- **Altri segni di deformazione** nella roccia possono manifestarsi come variazioni della resistenza elettrica del terreno o del suo magnetismo.

- **Le credenze popolari dicono che prima di un terremoto** i cani ululano, i ratti e i topi escono di corsa dalle loro buche e i pesci si agitano.

▶ *Questa immagine di Hayward Fault, California, utilizza immagini satellitari e misure radar. Mostra il movimento al suolo tra il 1992 e il 1997 (arancione e rosso indicano il maggior numero di movimenti).*

Vulcani e terremoti

91

Terremoti famosi

- **I palazzi del popolo minoico** sull'isola di Creta furono distrutti da un terremoto e da uno tsunami intorno al 1650 a.C.
- **Il primo terremoto ben documentato** colpì l'antica città greca di Sparta nel 464 a.C., uccidendo 20.000 persone.

▼ Nel gennaio 2010, un forte terremoto ha colpito la città di Port-au-Prince ad Haiti, nei Caraibi, con effetti devastanti. Migliaia di edifici sono crollati.

Vulcani e terremoti

- **Nel luglio 1201** un terremoto ha scosso tutte le città del Mediterraneo orientale. Si stima che abbia ucciso fino a un milione di persone.

- **Nel 1556** un terremoto di probabile intensità 8,3 della scala Richter colpì la provincia dello Shaanxi in Cina.

- **Nel 1906**, la città americana di San Francisco fu scossa da un terremoto che durò tre minuti. Il terremoto diede inizio a incendi che rasero la città quasi completamente al suolo.

- **Il terremoto del 1923** che devastò le città giapponesi di Tokyo e Yokohama fece sprofondare i fondali della vicina Baia di Sagami di oltre 400 m.

- **Il terremoto di Lisbona del 1755** spinse lo scrittore francese Voltaire a scrivere Candide, un libro che ispirò la rivoluzione francese e quella americana.

- **Il terremoto di Tangshan** del 1976 in Cina è stato il più letale del XX secolo. Ha ucciso oltre 250.000 persone: l'intera città di Tangshan è stata rasa al suolo.

- **Il potente terremoto di magnitudo 7.0** che ha colpito Haiti il 12 gennaio 2010 ha causato la morte di 230.000 persone e ha creato più di un milione di senzatetto.

- **Nel 2013** un terremoto di magnitudo 7.7 ha colpito il Balochistan, in Pakistan, uccidendo oltre 800 persone.

Tsunami

- **Gli tsunami sono onde enormi** che si innescano quando il fondo marino viene scosso violentemente da un terremoto, una frana o un'eruzione vulcanica.

- **In acque profonde**, gli tsunami viaggiano quasi inosservati sotto la superficie. Tuttavia, una volta che raggiungono le acque costiere poco profonde, si alzano formando onde di oltre 30 m.

- **Spesso chiamati "onde di marea"**, gli tsunami non hanno nulla a che fare con le maree. La parola tsunami (pronunciato 'soo-nah-mee') è giapponese e significa "onda di porto".

- **Gli tsunami di solito si presentano** in una serie di una dozzina o più onde, a una distanza che può variare dai cinque minuti a un'ora l'una dall'altra.

- **Prima che lo tsunami colpisca**, il mare può ritirarsi, allontanandosi dalla costa.

- **Gli tsunami possono viaggiare** lungo il fondo marino alla stessa velocità di un jet: oltre 700 km/h.

- **Il 24 dicembre 2004**, un terremoto sotto il mare al largo di Sumatra, in Indonesia, ha generato un enorme tsunami che si è diffuso in tutto l'Oceano Indiano. Oggi è conosciuto come tsunami dell'Asia o dell'Oceano Indiano.

- **Lo tsunami dell'Asia** era alto 30 metri e ha percorso 8000 km fino al Sudafrica. Ci sono state oltre 225.000 vittime.

Vulcani e terremoti

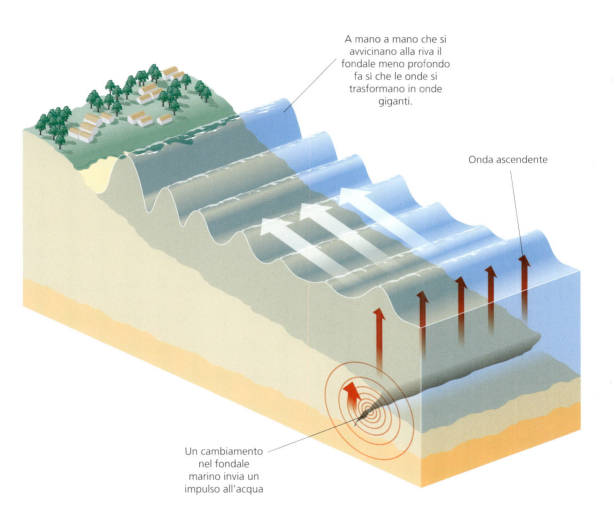

▲ *Gli tsunami possono essere generati sott'acqua da un terremoto, quindi viaggiare lungo il fondale marino prima di emergere per inondare la costa.*

Modellare il territorio

Paesaggi che cambiano

- **La superficie terrestre** cambia continuamente. La maggior parte dei cambiamenti richiede milioni di anni, ma a volte il paesaggio viene improvvisamente rimodellato da una valanga, un terremoto o un vulcano.

- **Le enormi forze** dell'interno della Terra distorcono e riformano la superficie terrestre dal basso. Il tempo atmosferico, l'acqua, il ghiaccio e altri "agenti di erosione" la modellano dall'alto.

- **La maggior parte dei paesaggi**, tranne i deserti, sono modellati dall'acqua corrente, il che spiega perché le colline hanno pendii arrotondati. I paesaggi secchi sono più spigolosi, ma anche nei deserti l'acqua gioca spesso un ruolo importante nella formazione del paesaggio.

Modellare il territorio

- **Le cime delle montagne** sono frastagliate perché il freddo estremo in vetta provoca il congelamento e la frantumazione delle rocce.

- **Lo scienziato americano W. M. Davis** (1850-1935) studiò una teoria per cui i paesaggi sono modellati da ripetuti "cicli di erosione".

- **I cicli di erosione di Davis** hanno tre stadi: vigorosa "giovinezza", costante "maturità" e lenta "vecchiaia".

- **L'osservazione ha dimostrato** che l'erosione non diventa più lenta con il passare del tempo, come credeva Davis.

- **Molti paesaggi** di oggi sono stati modellati da forze non più attive, o che ora sono molto più deboli di quanto non fossero, come il ghiaccio in movimento dei ghiacciai durante le passate ere glaciali.

◀ Nel sud-ovest degli Stati Uniti, l'altopiano del Colorado si è sollevato e il fiume Colorado l'ha intagliato formando un profondo canyon.

Erosione

- **L'erosione è il graduale deterioramento** delle rocce quando sono esposte all'aria, all'acqua e agli esseri viventi.

- **L'erosione colpisce** maggiormente le rocce superficiali, anche se l'acqua che gocciola nel terreno può erodere le rocce a 200 m di profondità.

- **Quanto più estremo è il clima** - molto freddo o molto caldo - tanto più velocemente avviene l'erosione.

- **Nell'Africa tropicale**, il fronte di erosione basale (punto in cui la roccia erosa incontra quella non erosa) si trova spesso a 60 m di profondità.

- **L'erosione è un processo sia chimico** (avviene attraverso prodotti chimici nell'acqua piovana), che meccanico (avviene attraverso le variazioni di temperatura) che organico (avviene attraverso piante e animali).

- **L'erosione chimica** avviene quando gas come l'anidride carbonica e gli ossidi di zolfo si dissolvono sotto la pioggia formando acidi deboli che corrodono le rocce come il calcare.

- **La forma principale dell'azione** meccanica dell'erosione è la frantumazione da gelo; essa avviene quando l'acqua si espande congelando nelle fessure e quindi si spacca e frantuma la roccia.

Modellare il territorio

- **Il termoclastismo** avviene quando le rocce del deserto si screpolano mentre si riscaldano e si espandono di giorno, poi si raffreddano e si contraggono di notte.

▶ La combinazione di temperature estreme e l'effetto dannoso dei forti venti ha creato questa scultura di roccia nel deserto dell'Arizona, USA.

LO SAPEVI?
A -22 °C, il ghiaccio può esercitare una pressione di tre tonnellate su una superficie rocciosa delle dimensioni di un francobollo.

Erosione delle pietre calcaree

Modellare il territorio

- **I ruscelli e l'acqua piovana** assorbono l'anidride carbonica dal suolo e dall'aria, trasformandoli in un debole acido carbonico.

- **L'acido carbonico corrode** (consuma per dissoluzione) il calcare in un processo chiamato carbonatazione.

- **Quando la roccia calcarea** è vicina alla superficie, la carbonatazione può creare un paesaggio spettacolare.

- **Il paesaggio costituito da calcare corroso** è spesso chiamato carsico, dal nome dell'altopiano di Karst vicino alla Dalmazia, in Bosnia.

- **In superficie**, la carbonatazione corrode lungo le crepe per creare "marciapiedi", formati da lastre separate da solchi profondi, detti "solchi carsici".

- **La roccia calcarea** non assorbe l'acqua come una spugna. Ha crepe massicce chiamate giunti, e i corsi d'acqua e l'acqua piovana scorrono in profondità nella roccia attraverso queste crepe.

- **I ruscelli scendono** nelle rocce calcaree attraverso delle voragini, come l'acqua nel lavello. La carbonatazione corrode queste voragini e forma giganteschi pozzi chiamati inghiottitoi.

- **Alcuni inghiottitoi** vengono erosi per creare grandi cavità a forma di imbuto chiamate doline, larghe fino a 100 m.

- **Dove l'acqua scorre** lungo fessure orizzontali alla base delle buche, la roccia può essere incisa e formare delle caverne.

- **Le caverne possono essere erose** così profondamente che il tetto crolla per formare una gola o un grande foro chiamato polje.

◀ *L'acidità dell'acqua piovana ha inciso le fessure della pietra calcarea per creare una "pavimentazione" calcarea sul Burren, Irlanda.*

Grotte

- **Le grotte sono giganteschi** fori che si sviluppano orizzontalmente sotto terra. I fori verticali sono chiamati inghiottitoi.

- **Le grotte più spettacolari**, chiamate caverne, si trovano nel calcare. L'acqua piovana acida gocciola attraverso le fessure della roccia corrodendola e formando cavità enormi.

- **La più grande grotta singola conosciuta al mondo** è la Sarawak Chamber a Gunung Mulu nel Sarawak, in Malesia.

- **La grotta più profonda** finora trovata è la Krubera Cave in Georgia, 2200 m sotto la superficie.

- **Il sistema di grotte più lungo** è la Mammoth Cave in Kentucky, USA, lunga 650 km e non ancora completamente esplorata.

- **Molte caverne** contengono speleotemi. Questi depositi sono costituiti principalmente da carbonato di calcio depositato dall'acqua che cola attraverso la grotta.

- **Le stalattiti** sono speleotemi simili a ghiaccioli che pendono dai soffitti delle caverne. Le stalagmiti crescono verso l'alto dal pavimento.

- **La stalattite più lunga del mondo** è di 8,2 m e si trova nella grotta di Jeita, in Libano.

- **La stalagmite più alta del mondo** (70 m) si trova nella Son Doong Cave, Vietnam.

LO SAPEVI?
La Sarawak Chamber è abbastanza grande da contenere lo stadio più grande del mondo: il Rungrado 1 May Day Stadium, Corea del Nord, dalla capacità di 150.000 posti.

▶ *Caverne di Carlsbad, New Mexico, USA. Le caverne possono essere simili a grandi palazzi sotterranei pieni di colonne scintillanti.*

Modellare il territorio

Fiumi

- **L'acqua che riempie i fiumi** proviene dalle piogge che scorrono direttamente sul terreno, dallo scioglimento della neve o del ghiaccio, o dalle sorgenti sotterranee.

- **In alta montagna** vicino alle loro sorgenti (punto iniziale), i fiumi sono di solito piccoli e ripidi. Scorrono sulle rocce attraverso valli strette che hanno scavato nel corso di migliaia di anni.

- **Tutti i fiumi** di una determinata area, chiamata bacino idrografico, scorrono per unirsi l'uno all'altro, come i rami di un albero. I rami sono chiamati affluenti. Più grande è il fiume, più affluenti è probabile abbia.

- **Man mano che i fiumi scorrono verso valle**, sono raggiunti da più affluenti e diventano più grandi.

- **Nel suo corso inferiore** un fiume è spesso largo e profondo. Si snoda avanti e indietro in meandri (curve) attraverso pianure alluvionali fatte di limo.

- **I fiumi scorrono veloci** e formano delle rapide nella loro parte superiore.

- **Gli argini e i letti** dei fiumi sono consumati dalla ghiaia, dalla sabbia e dalla forza dell'acqua.

▲ Un'immagine satellitare computerizzata rivela la fantastica rete dendritica, o ramificazione, del Rio delle Amazzoni e dei suoi affluenti.

Modellare il territorio

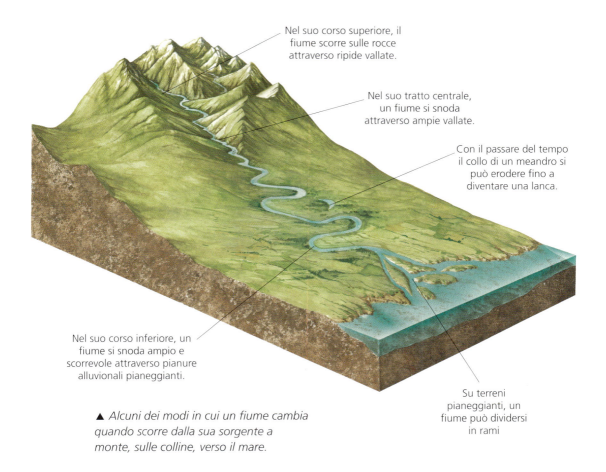

Nel suo corso superiore, il fiume scorre sulle rocce attraverso ripide vallate.

Nel suo tratto centrale, un fiume si snoda attraverso ampie vallate.

Con il passare del tempo il collo di un meandro si può erodere fino a diventare una lanca.

Nel suo corso inferiore, un fiume si snoda ampio e scorrevole attraverso pianure alluvionali pianeggianti.

Su terreni pianeggianti, un fiume può dividersi in rami

▲ *Alcuni dei modi in cui un fiume cambia quando scorre dalla sua sorgente a monte, sulle colline, verso il mare.*

- **Tutti i fiumi trasportano dei sedimenti.** Si tratta di sabbia, grandi pietre che rotolano lungo il fiume e limo sottile sospeso nell'acqua.

- **La portata** di un fiume è la quantità di acqua che scorre oltre un certo punto ogni secondo (in metri cubi al secondo).

- **I fiumi intermittenti** scorrono solo dopo la pioggia. I fiumi che scorrono tutto l'anno sono perenni - sono alimentati dall'acqua che scorre nel sottosuolo e dalla pioggia.

Colline

- **Le montagne sono costituite di roccia compatta**, invece le colline possono essere formate anche da ammassi di detriti accumulati dai ghiacciai, dalla sabbia o dal vento.

- **Le colline fatte di roccia compatta** non sono altro che montagne molto antiche consumate dall'erosione per milioni di anni, oppure sono composte da sedimenti morbidi che un tempo erano delle colline basse.

- **Nei climi umidi**, le colline sono spesso arrotondate dagli agenti atmosferici e dall'acqua che scorre sulla terra.

- **Quando la roccia compatta subisce l'erosione**, la collina viene ricoperta da uno strato di detriti chiamato regolite, che comprende rocce rotte, terra, polvere e altro materiale.

▼ *Spesso i contorni delle colline nelle zone umide sono stati erosi lentamente per lunghi periodi da una combinazione di agenti atmosferici e acqua corrente.*

Modellare il territorio

- **Le colline hanno spesso** un pendio poco profondo a forma di S, detto "convesso-concavo": nella parte superiore c'è una forma convessa arrotondata, e verso il basso un lungo pendio concavo.

- **Quando subiscono l'erosione** i pendii collinari diventano più dolci, perché la cima si consuma più velocemente. Questo fenomeno è chiamato declino.

- **Alcuni pendii collinari rimangono ugualmente ripidi**, e vengono semplicemente consumati dall'erosione. Questo fenomeno è chiamato ritiro.

- **Alcuni pendii collinari si consumano al contrario**, poiché le sezioni più dolci diventano più lunghe e le sezioni più ripide diventano più corte. Questo fenomeno è chiamato sostituzione.

Valli fluviali

▼ *Per scavare le valli i fiumi impiegano centinaia di migliaia di anni erodendo il materiale che si trova nei loro letti.*

Modellare il territorio

- **I fiumi scavano le valli** erodendo i loro canali.

- **In alta montagna**, gran parte dell'energia di un fiume viene usata per scavare o erodere l'alveo del fiume. Le valli sono profonde e hanno pareti scoscese.

- **Più in basso verso il mare**, l'energia erosiva di un fiume si esaurisce agendo sulle sue sponde e scolpisce una valle più ampia che si snoda avanti e indietro.

- **I grandi meandri** si sviluppano normalmente solo quando un fiume attraversa ampie pianure nel suo corso inferiore.

- **I meandri incisi** sono quelli scavati nelle valli profonde e si formano quando un fiume attraversa una bassa pianura. La pianura si solleva e il fiume vi si insinua, mantenendo i suoi meandri.

- **Il Grand Canyon** è costituito da meandri incisi creati quando il fiume Colorado ha intagliato l'altopiano del Colorado dopo che questo è stato sollevato, 17 milioni di anni fa.

- **Alcune valli** sembrano troppo ampie perché sia stato solo il fiume che le attraversa ad averle scolpite. Un fiume di questo tipo è "sottodimensionato".

- **Molte grandi valli** con fiumi sottodimensionati sono state scavate dai ghiacciai o dalle acque di fusione dei ghiacciai.

- **I fiumi della Terra** erodono in media la superficie terrestre di 8 cm ogni 1000 anni.

Alvei fluviali

- **Un alveo** è il lungo passaggio attraverso il quale scorre un fiume, spesso alla base di una valle fluviale.

- **Quando l'alveo di un fiume** è sinuoso o ha un letto accidentato, l'attrito rallenta il fiume.

▼ *Dove il terreno è pianeggiante, spesso i fiumi sono sinuosi e si dividono in alvei separati.*

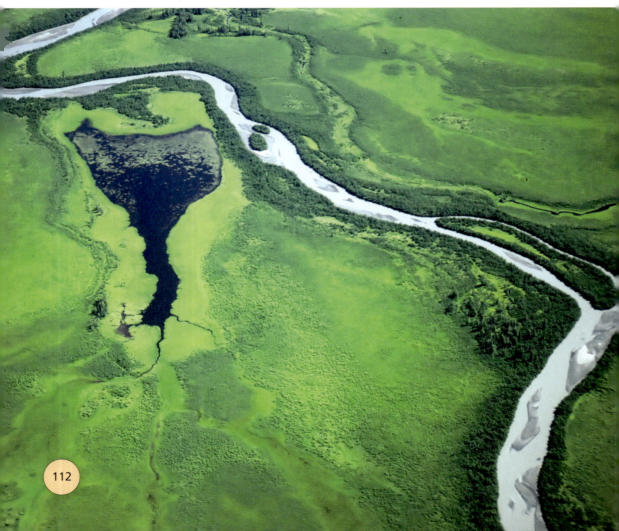

Modellare il territorio

- **Un fiume scorre più velocemente** attraverso un alveo stretto e profondo che attraverso uno largo e poco profondo perché c'è meno attrito.

- **Tutti gli alvei fluviali tendono a serpeggiare**, e più sono vicini al livello del mare, più si snodano. Formano meandri molto regolari.

- **Pare che i meandri si sviluppino** grazie al modo in cui un fiume erode e deposita sedimenti.

- **Un fattore chiave nei meandri** è il saliscendi lungo il fiume, denominato pool (acque profonde) e riffle (acque basse).

- **La distanza tra pool e riffle**, e la dimensione dei meandri, sono proporzionali alla larghezza del fiume.

- **Un altro fattore chiave nei meandri** è la tendenza dell'acqua del fiume a scorrere non solo a valle ma anche attraverso l'alveo. L'acqua forma delle spirali attraverso l'alveo formando un flusso simile a un cavatappi chiamato flusso elicoidale.

- **Il flusso elicoidale** rende l'acqua più veloce all'esterno delle curve, erodendo le sponde. All'interno invece scorre più lentamente, formando depositi detti "slip-off slope", come i banchi di sabbia o le pianure fangose.

> **LO SAPEVI?**
> I meandri possono formare anelli quasi completi con solo una piccola striscia di terra che separa le estremità.

Cascate

- **Quando un fiume scorre in verticale**, viene chiamato cascata.

- **Le cascate possono formarsi** nei punti in cui il fiume scorre su una fascia di roccia dura, come un davanzale vulcanico. Il fiume erode la roccia morbida sottostante, ma ha scarso effetto sulla fascia dura.

- **Se il corso di un ruscello** si interrompe improvvisamente, ad esempio se sfocia in mare su una scogliera, su una faglia o su una valle pensile, può formarsi una cascata.

- **I massi si muovono spesso** ai piedi di una cascata, formando per erosione una pozza profonda chiamata piscina di immersione.

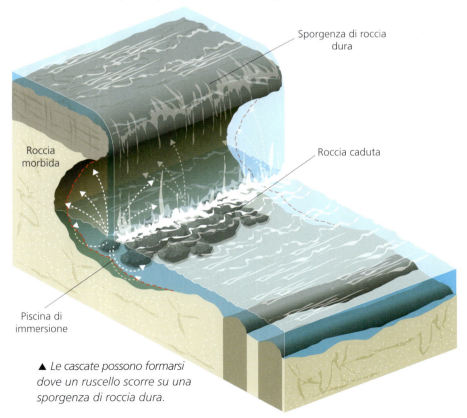

▲ *Le cascate possono formarsi dove un ruscello scorre su una sporgenza di roccia dura.*

Modellare il territorio

- **Le cascate Angel** in Venezuela prendono il nome dal pilota americano Jimmy Angel che ha volato sopra di esse nel 1935. Hanno il più lungo getto verticale: ben 810 m!
- **Le cascate Victoria** in Zimbabwe, Africa, sono alte 110 m e localmente vengono chiamate *Mosi oa Tunya*, che significa "il fumo che tuona".
- **Il rombo delle cascate Victoria** si sente a 40 km di distanza.
- **Le Cascate del Niagara** sul confine tra Stati Uniti e Canada si sono sviluppate dove il fiume Niagara scorre fuori dal lago Erie.
- **Le cascate del Niagara in realtà sono due**: Horseshoe Falls, 54 m di altezza, e American Falls, 55 m di altezza.

▼ Nella stagione umida, oltre 3000 metri cubi di acqua scorrono ogni secondo dalle cascate Victoria.

Inondazioni

- **Un'inondazione** si verifica quando un fiume o il mare sale a tal punto che si riversa sul territorio circostante.

- **Le inondazioni fluviali** possono verificarsi dopo un periodo di forti piogge prolungate o dopo lo scioglimento della neve in primavera.

- **Le piccole inondazioni** sono comuni, ma le grandi inondazioni sono rare. Le dimensioni delle inondazioni sono quindi descritte in termini di frequenza.

- **Un'alluvione biannuale** è una piccola alluvione che probabilmente si verifica ogni due anni. Un'alluvione centennale è una grande alluvione che probabilmente si verifica una volta ogni cento anni.

- **Un'inondazione improvvisa** si verifica quando un piccolo ruscello o addirittura un letto di ruscello secco si trasforma in un torrente in piena dopo forti piogge durante un periodo di siccità.

- **L'inondazione del 1993** sul Mississippi-Missouri ha causato danni per 15 miliardi di dollari e ha distrutto le case di 75.000 persone, nonostante i massicci lavori di controllo delle inondazioni degli anni '30 del secolo scorso.

- **Il Fiume Giallo in Cina** è anche conosciuto come "il dolore della Cina" perché le sue inondazioni sono incredibilmente devastanti. Nel 1887 circa un milione di persone vi morirono durante un'alluvione.

- **Nel luglio e agosto del 2010**, le inondazioni diffuse iniziate a causa delle forti piogge monsoniche nel nord del Pakistan, hanno distrutto le case di molti milioni di persone.

- **Nel 2013** circa 6000 persone sono morte nelle inondazioni dell'India settentrionale.

Modellare il territorio

▲ *Anche quando le persone vengono salvate, un'alluvione può distruggere le case e portare via la terra dai terreni agricoli, lasciandoli sterili.*

- **Non tutte le inondazioni sono negative**. Prima della costruzione della diga di Assuan, gli agricoltori egiziani si sono affidati alle inondazioni annuali del Nilo per arricchire il suolo.

Terreni paludosi

▼ *Le paludi di mangrovie devono la loro diffusione alla capacità unica delle mangrovie di vivere in acqua salata.*

Modellare il territorio

- **Le zone umide sono aree** in cui il livello dell'acqua è per lo più al di sopra del suolo.

- **I principali tipi di zone umide** sono le torbiere, gli acquitrini e le paludi.

- **Le torbiere** si trovano in climi freddi e contengono molto materiale vegetale parzialmente decomposto chiamato torba.

- **Paludi e acquitrini** si trovano sia in luoghi caldi che freddi e contengono più piante rispetto alle torbiere.

- **Le paludi si trovano** in luoghi permanentemente umidi, come laghi poco profondi e delta fluviali. Nelle paludi crescono canneti e giunchi.

- **Le paludi si sviluppano** dove il livello dell'acqua varia, spesso lungo le rive dei fiumi tropicali che subiscono inondazioni, in particolare lungo il Rio delle Amazzoni e il Congo. Nelle paludi crescono alberi come le mangrovie.

- **Metà delle zone umide degli Stati Uniti** sono state prosciugate prima che il loro valore fosse apprezzato. Quasi la metà dell'area di 1200 km^3 di Dismal Swamp, North Carolina, è stata bonificata.

- **Le paludi Pripet** ai confini con la Bielorussia sono le più grandi d'Europa, con una superficie di 270.000 km^3.

- **Le zone umide controllano le inondazioni** in quanto agiscono come spugne, assorbendo le forti piogge e rilasciando lentamente l'acqua.

- **Le zone umide agiscono anche per rifornire** le falde acquifere e hanno un effetto sul clima locale, contribuendo a ridurre gli estremi di caldo e freddo.

Laghi

- **La maggior parte dei grandi laghi** sono in regioni un tempo ghiacciate. I ghiacciai hanno scavato profonde cavità nella roccia in cui l'acqua si è raccolta. I grandi laghi di Stati Uniti e Canada sono in parte di origine glaciale.

- **Nel Minnesota**, USA, 11.000 laghi sono stati formati da ghiacciai.

- **I laghi più profondi del mondo** sono spesso formati da faglie nella crosta terrestre, come il lago Baikal in Siberia e il lago Tanganica in Africa orientale.

- **La maggior parte dei laghi** durano solo poche migliaia di anni prima di essere riempiti dal limo o prosciugati dai cambiamenti del paesaggio.

- **Il lago più grande del mondo** è il Mar Caspio, un lago di acqua salata.

- **Il grande lago più alto del mondo** è il lago Titicaca in America del Sud, che si trova a 3812 m sul livello del mare.

- **Il lago più basso del mondo** è il Mar Morto tra Israele e la Giordania. Si trova a 399 m sotto il livello del mare e continua ad abbassarsi.

- **Il più grande lago sotterraneo del mondo** è il Drauchenhauchloch o Dragon's Breath, che si trova all'interno di una grotta in Namibia.

- **Il Mare d'Aral** in Asia occidentale si è ridotto a solo un decimo della sua dimensione originale, che era di 70.000 km^3, tra il 1950 e il 2000, a causa della deviazione dei fiumi che lo alimentavano e che ora servono per bagnare le colture.

- **Nuovi progetti di dighe e condutture** mirano a riempire parte del Mare d'Aral nei prossimi 50 anni.

▶ Circa 50 anni fa il Mare d'Aral avrebbe quasi riempito la cornice di questa fotografia. Ora del 2014 si è ridotto a due laghi principali e diversi laghi più piccoli. Tutto il sud e l'est sono diventati deserto.

Modellare il territorio

Deserti

- **I deserti sono luoghi asciutti** dove piove raramente. Molti sono caldi, ma uno dei deserti più grandi è l'Antartide. I deserti coprono circa un quinto della terraferma.

- **Il deserto disseminato** di massi si chiama hamada, quello ricoperto di ghiaia si chiama serir.

- **Circa un quinto** di tutti i deserti sono costituiti da dune di sabbia; nel Sahara sono detti erg.

- **Il tipo di duna di sabbia** dipende dalla quantità sabbia e da quanto è mutevole il vento.

- **Le barcane sono dune mobili** a forma di mezzaluna che si formano in sabbia rada dove la direzione del vento è costante.

- **I seif sono dune lunghe** che si formano dove la sabbia è scarsa e il vento proviene da due o più direzioni.

▶ *Le dune di sabbia vengono scolpite e raggruppate in forme diverse dal vento.*

Duna trasversale (vento prevalente)

Seif o duna longitudinale (direzione del vento non costante)

Barchan (direzione del vento relativamente costante)

Duna costiera blow-out (scavata dal vento)

Duna a stella (direzione del vento variabile)

Modellare il territorio

- **La maggior parte dei corsi d'acqua nei deserti** scorre solo occasionalmente, e normalmente si trovano i letti dei ruscelli secchi chiamati wadis o arroyos. Essi possono riempirsi improvvisamente e inondare il terreno circostante dopo la pioggia.

- **Nelle regioni fresche e umide**, le colline sono ricoperte di terra e di forma arrotondata. Nei deserti, le colline sono rocce nude con pareti scoscese.

- **Mesas e buttes** sono altipiani simili a pilastri che sono stati scolpiti gradualmente dall'acqua nei deserti.

▼ Nel sud del Marocco, nel Sahara occidentale, ci sono grandi mari di sabbia chiamati erg.

Ghiacciai

- **I ghiacciai sono "fiumi"** di ghiaccio in lento movimento. Si formano nelle regioni di montagna quando fa troppo freddo perché la neve si sciolga. Scendono attraverso le valli, strisciando verso il basso fino a sciogliersi nell'aria calda a valle.

- **Quando la neve nuova**, o nevato, cade sulla neve vecchia, si formano i ghiacciai. Il peso della neve nuova compatta la vecchia in neve più densa chiamata firn.

- **Nella neve di firn** tutta l'aria viene schiacciata e sembra ghiaccio bianco. Quando cade altra neve, il firn si compatta diventando ghiaccio e scivola lentamente verso valle.

- **Oggi, i ghiacciai si formano** solo in alta montagna e intorno ai poli. Durante le ere glaciali, i ghiacciai erano molto diffusi e hanno lasciato paesaggi ghiacciati in molti luoghi ormai liberi dal ghiaccio.

- **Mentre i ghiacciai scendono a valle**, sorpassando dossi e curve, si piegano e si allungano, formando profonde fessure chiamate crepacci. Talvolta si creano quando il ghiacciaio passa sopra una cresta rocciosa.

- **Spesso i crepacci più grandi** vengono chiamati crepacciate terminali. Si formano quando il ghiaccio si stacca dalla parete posteriore della conca dove inizia il ghiacciaio.

- **Il lato inferiore di un ghiacciaio** è caldo (circa 0 °C). Si muove scivolando su una pellicola d'acqua che si forma quando la pressione fonde la base del ghiacciaio. Questo fenomeno si chiama slittamento basale.

Modellare il territorio

- **Dove la parte inferiore** di un ghiacciaio è ben al di sotto di 0 °C, si muove come se gli strati scivolassero l'uno sull'altro come un mazzo di carte. Questo fenomeno è chiamato deformazione interna.
- **I ghiacciai vallivi** sono ghiacciai che scorrono nelle valli.
- **I ghiacciai di circo** sono piccoli ghiacciai che scorrono dai circhi in altitudine.
- **I ghiacciai alpini** si formano quando diversi ghiacciai di circo si uniscono.
- I ghiacciai pedemontani si formano dove i ghiacciai vallivi si uniscono emergendo dalle montagne.

▼ *I ghiacciai iniziano a formarsi in piccole cavità nella montagna chiamate circhi. Scorrono in discesa, raccogliendo enormi cumuli di detriti chiamati morene lungo il percorso.*

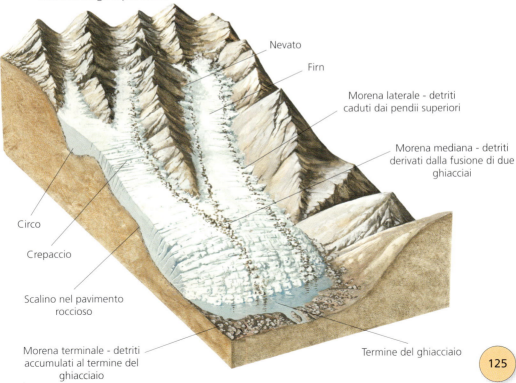

Paesaggi glaciali

- **I ghiacciai si muovono lentamente**, ma a causa del loro peso e delle loro dimensioni possono modellare il paesaggio in modo consistente.

- **Nel corso di decine di migliaia di anni** i ghiacciai scavano valli tortuose in conche enormi e diritte a forma di U (le valli fluviali sono di solito a forma di V).

▼ *Dopo un'era glaciale, i ghiacciai si lasciano alle spalle un paesaggio drammaticamente alterato formato da profonde valli e cumuli di detriti.*

Modellare il territorio

- **I ghiacciai possono troncare** (tagliare) le valli affluenti per lasciarle "sospese", con un bordo roccioso sopra la valle principale. Anche i contrafforti collinari (estremità delle colline) possono essere troncati.

> **LO SAPEVI?**
> Alcuni ghiacciai, come il ghiacciaio Jakobshavn in Groenlandia, hanno percorso più di 30 m al giorno.

- **I circhi** sono cavità a forma di scodella scavate nel punto in cui inizia un ghiacciaio in alta montagna.

- **Le arêtes sono creste a forma di coltello** che rimangono tra diversi circhi, in quanto i ghiacciai che li formano tagliano verso la parte posteriore.

- **L'ammasso glaciale è una coltre di detriti** depositati dai ghiacciai. L'ammasso glacifluviale viene depositato dall'acqua prodotta dallo scioglimento del ghiaccio. La tillite viene depositata dal ghiaccio stesso.

- **I drumlins** sono cumuli di tillite a forma di uovo.

- **Gli esker** sono creste sinuose di detriti lasciati dai ruscelli che scorrono sotto il ghiaccio.

- **Le morene** sono mucchi di detriti lasciati dai ghiacciai mentre si sciolgono e si ritirano.

- **Uno degli effetti principali** dell'attuale riscaldamento globale è quello di far restringere i ghiacciai, farli accorciare o addirittura scomparire.

- **Alcuni grandi ghiacciai** sono più corti di 2-5 km rispetto a 50 anni fa.

Paesaggi delle zone fredde

- **Periglaciale è un termine usato per descrivere** le condizioni delle aree accanto ai ghiacci nelle ere glaciali e viene utilizzato anche oggi con lo stesso significato.

- **Le condizioni periglaciali** si trovano sulla tundra del Canada settentrionale e della Siberia e sui nunatak, che sono le colline che sporgono sopra le calotte di ghiaccio e i ghiacciai.

- **Nelle zone periglaciali**, il ghiaccio si scioglie solo in primavera e in superficie.

- **Dove il suolo rimane congelato** per quasi tutto l'anno, generalmente appena sotto la superficie, è conosciuto come permafrost.

- **Quando il terreno al di sopra del permafrost** si scioglie, si torce formando strati ripiegati chiamati involuzioni.

- **Quando il terreno ghiacciato si scioglie**, diventa così fluido che può scivolare facilmente lungo i pendii, creando grandi lingue e terrazze.

Modellare il territorio

- **Il criosollevamento** è il processo in cui il gelo spinge le pietre verso la superficie mentre il terreno si congela.

- **Dopo il criosollevamento,** grandi pietre rotolano verso il basso, lasciando le pietre più piccole in cima, creando motivi intricati sul terreno.

- **Sul terreno pianeggiante**, i motivi trapuntati sono chiamati poligoni di pietra. Sui pendii, si allungano disegnando strisce di pietra.

- **I pingo sono cumuli** di terra con un'anima di ghiaccio. Si creano quando l'acqua freatica si congela sotto un lago.

▼ *Il clima freddo di questa tundra artica crea un paesaggio unico nelle regioni polari e di alta montagna.*

LO SAPEVI?

In condizioni periglaciali, le temperature in inverno non superano mai il punto di congelamento.

Continenti e oceani

I continenti

- **La parola "continente"** significa continuo o connesso, e un continente è definito in modo generico come una massa continentale continua circondata da uno specchio d'acqua.

- **Un continente** può anche essere definito geologicamente da tipi e strutture rocciose, come l'America o l'Afro-Eurasia oppure geograficamente, come il Sud America o l'Asia.

- **Alcune definizioni riconoscono** quattro continenti: Afro-Eurasia, America, Antartide e Australia.

- **Altre riconoscono cinque continenti**: Africa, Eurasia, America, Antartide e Australia.

- **Altre ancora indicano sei continenti**: Africa, Eurasia, Nord America, Sud America, Antartide e Australia.

- **Molte descrizioni comuni** contano sette continenti diversi: Africa, Europa, Asia, America del Nord, America del Sud, Antartide e Australia.

- **Talvolta l'Australia è inclusa** con la Nuova Zelanda e le isole del Pacifico sudoccidentale nel continente chiamato Oceania.

- **I supercontinenti come Pangea**, poi Laurasia e Gondwana, esistevano in passato quando i continenti presenti erano uniti tra loro.

- **I subcontinenti si riferiscono ad aree** di continenti che, sebbene uniti, si trovano su placche tettoniche separate, ad esempio il subcontinente indiano a sud dell'Asia.

Continenti e oceani

- **La definizione geologica** di un continente si riferisce alla crosta terrestre, con una spessa crosta continentale costruita attorno ad un nucleo, o cratone, di rocce molto antiche e stabili.

▼ Circa 220 milioni di anni fa tutti i continenti attuali erano uniti e circondati da un enorme oceano, Pantalassa. 150 milioni di anni fa si sono suddivisi nei supercontinenti del nord e del sud, separati dal mare di Tetide.

Pangea (sinistra) era composta da tutti i moderni continenti (destra).

Quando Laurasia si è separata da Gondwana (sinistra), il mare di Tetide si è allargato (destra).

Europa

- **Il continente più piccolo**, l'Europa, ha una superficie di 10.400.000 km³. In rapporto alle sue proprie dimensioni, ha una linea costiera molto lunga, di oltre 70.000 km.

- **A nord** si trovano le antiche montagne ghiacciate della Scandinavia e della Scozia, un tempo molto più alte.

- **Al centro** si trova la Pianura nordeuropea che si estende dagli Urali in Russia alla Francia, a ovest.

- **Gran parte dell'Europa meridionale** si è unita per formare giovani catene montuose come le Alpi, mentre l'Africa si sposta lentamente verso nord.

- **Il punto più alto d'Europa** è il monte Elbrus nel Caucaso russo, a 5642 m di altezza.

- **L'Europa nord-occidentale** era un tempo unita al Canada. Le antiche montagne caledoniane del Canada orientale, della Groenlandia, della Scandinavia e della Scozia si sono formate insieme come un'unica catena montuosa 360-540 milioni di anni fa.

- **L'Europa mediterranea** ha estati calde e inverni miti.

- **L'Europa nord-occidentale** è spesso bagnata e ventosa. Ha inverni miti perché è bagnata dalla calda corrente nord atlantica.

- **Le isole russe** di Novaya Zimlya sono vicine al Circolo Polare Artico e in inverno sono ghiacciate.

- **Il lago più grande** è il lago Ladoga in Russia, con una superficie di 17.600 km³.

Continenti e oceani

▼ *La Rocca di Gibilterra nell'estremo sud ovest dell'Europa segna l'ingresso nel Mediterraneo.*

Africa

- **L'Africa è il secondo continente più grande del mondo.** Si estende dal Mediterraneo a nord fino al Capo di Buona Speranza a sud. La sua superficie è di oltre 30.130.000 km^3.

- **È il continente più caldo del mondo**, e si trova quasi interamente nell'area dei tropici o subtropici.

- **Le temperature nel Sahara** sono tra le più alte della Terra, spesso oltre i 50 °C.

- **Il Sahara** nel nord dell'Africa e il Kalahari a sud sono i deserti più grandi del mondo. La maggior parte del continente tra i due è savana (prateria) e boscaglia. A ovest e al centro si trovano lussureggianti foreste pluviali tropicali.

▼ Situata ai tropici, gran parte dell'Africa orientale è una prateria o savana, troppo secca per metà dell'anno perché gli alberi crescano.

LO SAPEVI?
L'uomo moderno, Homo sapiens, si è evoluto in Africa circa 200.000 anni fa.

Continenti e oceani

- **Gran parte dell'Africa è costituita** da vaste pianure e altipiani, interrotti in alcuni punti da montagne come l'Atlante a nord ovest e il Ruwenzori al centro.

- **La Great Rift Valley** si trova a 7200 km dal Mar Rosso. Si tratta di un'enorme faglia nella superficie terrestre aperta in seguito alla separazione di due gigantesche placche tettoniche.

- **Con i suoi 69.000 km³**, il Lago Vittoria è il lago più grande dell'Africa.

- **La montagna più alta dell'Africa** è il Kilimanjaro, con un'altitudine di 5895 m.

- **Le dune di sabbia più grandi del mondo**, alte oltre 400 m, si trovano nel Sahara a Erg Tifernine, in Algeria.

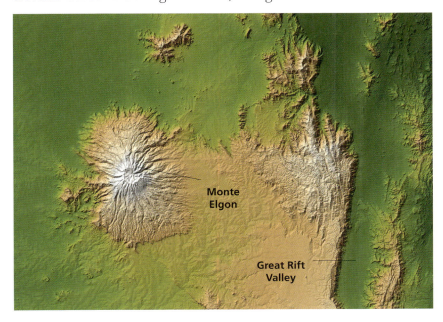

▲ *Vista satellitare della Great Rift Valley in Kenya, con il cratere del vulcano estinto Monte Elgon sulla sinistra.*

Asia

- **L'Asia è il continente più grande del mondo**, e si estende dall'Europa a ovest al Giappone a est. Ha una superficie di 44.600.00 km³.

- **L'Asia presenta degli estremi climatici** che vanno da un clima polare freddo a nord a uno tropicale caldo a sud.

- **A Verkhoyansk in Siberia** sono state registrate temperature fino a 37 °C e fino a -68 °C.

- **L'Himalaya** è la catena montuosa più alta del mondo, con 14 cime che superano gli 8000 m di altitudine. A nord ci sono vasti deserti vuoti, vasti pascoli e grandi foreste di conifere. A sud ci sono pianure e valli fertili e umide giungle tropicali.

▼ *Con gigantesche dune di sabbia in lontananza, i cammelli Battriani (a due gobbe) pascolano sulle erbe secche della Mongolia, tra Russia e Cina, nel cuore del continente asiatico.*

Continenti e oceani

▲ Talvolta chiamato il "tetto del mondo", l'altopiano tibetano è in media a oltre 4500 m di altitudine e copre una superficie quattro volte superiore a quella della Francia. L'Himalaya confina a sud con l'altopiano tibetano.

- **L'Asia settentrionale** si trova su una gigantesca placca tettonica.

- **L'India si trova su una placca separata** che si è schiantata nell'Asia settentrionale circa 50 milioni di anni fa e sta spingendo verso l'alto l'Himalaya mentre procede verso nord.

- **Il fiume più lungo dell'Asia** è il cinese Yangtse, con oltre 6000 km di lunghezza.

- **La montagna più alta dell'Asia** è anche la più alta del mondo - il Monte Everest, o Sagarmatha in Nepal, con un'altitudine di 8848 m.

- **Il Mar Caspio**, tra Azerbaigian e Kazakistan, è il lago più grande del mondo, con i suoi 378.400 km quadrati.

LO SAPEVI?

Il luogo sulla Terra più lontano dall'oceano si trova nella provincia dello Xinjiang, nel nord-ovest della Cina, a più di 2500 km da una costa oceanica.

Australia, l'isola continente

- **Il continente australiano** comprende tutte le terre che si trovano sulla stessa piattaforma continentale, come la Tasmania, la Nuova Guinea e Ceram (ma non la Nuova Zelanda).

- **L'Australia continentale** (con l'isola della Tasmania) è il più piccolo dei sette continenti terrestri, con una superficie totale di 7.700.000 km^3.

- **Fino a circa 95 milioni di anni fa** l'Australia era unita all'Antartide e formava il supercontinente meridionale chiamato Gondwana.

- **Durante l'ultima era glaciale**, circa 20.000 anni fa, quando il livello del mare era molto più basso di oggi, l'Australia stessa era collegata alla Tasmania dalla terraferma.

- **L'Australia si è separata** dalla Nuova Guinea solo tra gli 8000 e i 6500 anni fa, quando il livello del mare è nuovamente aumentato.

- **La placca tettonica** che trasporta l'Australia è in movimento e si dirige verso l'Eurasia spostandosi di 6-7 cm all'anno.

- **L'Australia si trova al centro** della placca tettonica indo-australiana, quindi ha una geologia "tranquilla". Per esempio, è l'unico continente senza vulcani attivi o dormienti.

- **Il continente è rimasto isolato** dal resto del mondo per 40 milioni di anni, durante i quali si è spostato verso nord, diventando più caldo e più arido.

Continenti e oceani

- **L'Australia è ricoperta da boschi**, foreste pluviali e zone erbose, ma la maggior parte di essa è costituita da aree desertiche o semi-desertiche. È il continente abitato più arido.

- **È anche il continente più piatto**: le uniche montagne dell'Australia sono quelle della Grande Catena Divisoria orientale, con poche vette oltre i 2000 m.

- **L'Australia è un continente molto antico** e contiene tutti i principali tipi di rocce, la più antica delle quali ha 3,8 miliardi di anni.

▼ *Uluru è una gigantesca formazione rocciosa di arenaria esposta nell'Australia centrale.*

Oceania

- **L'Oceania è una vasta regione** che comprende l'Australia, la Nuova Zelanda, la Nuova Guinea e le isole sparse per tutto l'Oceano Pacifico.

- **La sua superficie è di 8.520.000 km^3**, di cui la maggior parte è occupata dall'Australia, ma l'area del mare è molto più grande.

- **Oltre all'Australia**, l'isola più grande è la Nuova Guinea, con una superficie di 786.000 km^3.

- **L'Oceania è prevalentemente tropicale**, con temperature medie di 30 °C nel nord dell'Australia, e leggermente più basse sulle isole dove l'oceano mantiene la terra fresca.

▼ Nel centro dell'Isola del Nord della Nuova Zelanda, il Parco Nazionale di Tongariro comprende tre vulcani attivi, nel punto in cui la placca tettonica indiano-australiana sovrasta e spinge la placca del Pacifico.

Continenti e oceani

LO SAPEVI?
Il sito oceanico più lontano da terra, spesso chiamato Point Nemo, si trova nel Sud Pacifico e dista 2680 km dalla terraferma più vicina.

- **L'estremità meridionale della Nuova Zelanda** si trova a poche migliaia di chilometri dal Circolo Antartico, e di conseguenza ha estati miti e inverni freddi.

- **Le vette più alte dell'Oceania** sono il Puncak Jaya, a 4885 m, e il Mount Wilhelm a 4508 m, entrambi in Nuova Guinea.

- **La Grande Barriera Corallina** è la struttura vivente più grande del mondo, con i suoi 2300 km di lunghezza. È l'unica struttura costruita da animali visibile dallo spazio.

- **Sebbene l'Australia si trovi** sulla placca indiano-australiana, che si sta allontanando molto lentamente dall'Antartide, la Nuova Zelanda si trova a cavallo del confine con la placca del Pacifico.

- **Di solito l'Oceania è considerata** un continente con tre serie di isole o regioni culturali.

- **La Micronesia è la regione a nord** della Nuova Guinea e ad est delle Filippine.

- **La Melanesia comprende** la Nuova Guinea e le isole a est, a Vanuata e Fiji.

- **La Polinesia si trova ad est** di queste due regioni, dalle Hawaii a nord alla Nuova Zelanda a sud, ad est oltre la metà del Pacifico fino all'isola di Pasqua.

Antartide

- **L'Antartide è il continente coperto di ghiaccio** che si trova al Polo Sud. Si estende su una superficie di 14.000.000.000 di km quadrati.

- **È il luogo più freddo della Terra.** Anche in estate, le temperature raramente superano i -25 °C. Il 21 luglio 1983, l'aria della stazione scientifica di Vostok precipitò a -89,2 °C.

- **L'Antartide è uno dei luoghi più aridi** della Terra: non è quasi mai bagnato da pioggia o neve ed è anche molto ventoso.

- **Fino a circa 80 milioni di anni fa** l'Antartide era unita all'Australia.

- **I ghiacciai hanno cominciato a formarsi** in Antartide 38 milioni di anni fa, e sono cresciuti rapidamente a partire da 13 milioni di anni fa. Negli ultimi cinque milioni di anni, il 98% del continente è stato ricoperto dal ghiaccio.

Continenti e oceani

▲ *I pinguini sono tra le poche creature in grado di sopravvivere al freddo dell'Antartide tutto l'anno.*

- **La calotta di ghiaccio antartica** contiene il 70% dell'acqua dolce terrestre.

- **La calotta di ghiaccio è più spessa**, fino a 4800 m di profondità nei bacini marini profondi molto al di sotto della superficie; così spessa che potrebbe seppellire le Alpi.

- **L'Antartide è montuosa** e il suo punto più alto è il massiccio del Vinson, a 5140 m.

- **Il Polo Sud magnetico** - il polo verso il quale punta l'ago di una bussola - si muove di 8 km all'anno.

- **Fossili di piante tropicali** e rettili dimostrano che un tempo l'Antartide era molto più calda.

Nord America

- **Il terzo continente più grande del mondo** è il Nord America, con una superficie di 24.700.000 km^3.

- **Il lungo lato settentrionale dell'America del Nord** è delimitato dal gelido Mar Glaciale Artico, e il suo breve lato sud est dal Golfo del Messico.

- **L'estremità nord si trova all'interno** del circolo polare artico ed è bloccata dal ghiaccio per gran parte dell'anno.

- **La Death Valley**, nel deserto sudoccidentale della California e del Nevada, detiene il primato di luogo più caldo della Terra, con una temperatura di 56,7 °C.

- **Le catene montuose** scendono da entrambe le coste del Nord America - gli antichi ed erosi Appalachi a est e le più giovani e più

▼ Una mandria di bisonti si muove tra il vapore fluttuante e l'acqua calda dei geyser, causata da rocce sotterranee di "hot spot" nel Parco Nazionale di Yellowstone.

Continenti e oceani

▲ *Le Cascate del Niagara al confine tra gli Stati Uniti e il Canada hanno una portata massima di più di 3000 m³ di acqua al secondo.*

alte Montagne Rocciose a ovest.

- **Tra le montagne** si trovano vaste pianure interne che si fondano su rocce molto antiche, le più antiche delle quali si trovano nello Scudo canadese a nord.

- **La maggior parte del Nord America** si trova sulla placca tettonica nordamericana. Su di essa si trovano tre hot spot, a Yellowstone, Anahim e Raton, che generano attività vulcanica.

- **Il Grand Canyon** è una delle gole più spettacolari del mondo. È lungo 446 km, e in alcuni punti profondo fino a 1800.

- **Il fiume più lungo** del Nord America è il Mississippi-Missouri, lungo 5970 km.

- **La montagna più alta** è il Monte McKinley in Alaska, che raggiunge i 6194 m.

- **I Grandi Laghi** nel nord-est del Nord America contengono un quinto dell'acqua dolce terrestre.

Sud America

- **Il quarto continente più grande del mondo**, il Sud America, ha una superficie di 17.830.000 km quadrati.
- **Le Ande,** che si estendono per 4500 km lungo il versante occidentale, sono la catena montuosa più lunga del mondo.
- **Il cuore del Sud America** è la vasta foresta pluviale amazzonica che circonda il Rio delle Amazzoni e i suoi affluenti.

▼ Sulle Ande ci sono molti ghiacciai, come Perito Moreno nel sud dell'Argentina. Il ghiacciaio è lungo 30 km e si estende su una superficie di oltre 250 km^3. Scende in direzione sud est per 1800 m verso fino al lago Argentino.

Continenti e oceani

▲ *Il giaguaro è il felino più grande del Sud America. Vive nelle regioni paludose dell'Amazzonia e del Pantanal, dove nuota agilmente per catturare pesci e tartarughe.*

- **Il sud est** è dominato dalle immense praterie del Gran Chaco, della Pampas e della Patagonia.

- **Nessun altro continente** arriva così a sud. Il Sudamerica si estende nel raggio di 1000 km dal Circolo Antartico.

- **Tre quarti del Sud America** si trova ai tropici. Nelle Ande invece ci sono estese zone di clima fresco e temperato.

- **Quito, in Ecuador**, è chiamata la "Terra dell'Eterna Primavera" perché la sua temperatura non scende mai sotto gli 8 °C di notte, e non sale mai sopra i 22 °C durante il giorno.

- **Il picco vulcanico più alto** è l'Aconcagua, con i suoi 6962 m di altitudine.

- **L'America meridionale orientale** è stata unita all'Africa occidentale fino a quando l'Atlantico ha iniziato ad allargarsi 90 milioni di anni fa.

- **Il Pantanal**, nel sud-ovest del Brasile, Paraguay e Bolivia, è la più grande zona umida tropicale del mondo, che copre oltre 180.000 km quadrati nella stagione umida.

Isole maggiori

- **I continenti** dell'Eurasia e delle Americhe sono tecnicamente isole circondate dall'oceano, ma l'Australia è generalmente considerata l'isola più grande e il continente più piccolo.

- **L'Antartide in realtà** è formata da diverse isole unite da un unico strato di ghiaccio, ma a volte è considerata sia un'isola che un continente.

▼ La Groenlandia è coperta per circa quattro quinti dalla calotta glaciale groenlandese, formatasi almeno mezzo milione di anni fa. Viene spesso attraversata da aerei di linea su voli commerciali tra il Nord America e l'Europa settentrionale.

Continenti e oceani

- **La Groenlandia fa parte della Danimarca** ed è la più grande tra le isole che non costituiscono anche un continente. Ha una superficie di 2.130.800 km^3.

- **La Nuova Guinea** nell'Oceano Pacifico fa parte dell'Indonesia. È la seconda isola più grande con una superficie di 785.700 km^3.

- **Il Borneo**, nel continente asiatico, è la terza isola più grande con una superficie di 748.200 km^3.

- **Il Madagascar, nell'Oceano Indiano**, è sia un'isola che un paese. Con i suoi 587.700 km^3 è la quarta isola più grande.

- **L'isola di Baffin** si trova a nord-est del Canada, di cui fa parte. Con i suoi 507.450 km^3 è la quinta isola più grande del mondo.

- **La sesta isola più grande** con 473.500 km^3 di superficie è Sumatra, una delle isole indonesiane.

- **La settima isola più grande** è l'isola giapponese di Honshu. La sua superficie è di 225.800 km quadrati, ed è anche quella con la popolazione maggiore tra le due principali isole giapponesi.

- **L'isola Victoria**, nei Territori del Nord-Ovest e Nunavut del Canada, è l'ottava isola più grande, con 217.300 km^3 di superficie.

- **La Gran Bretagna** è la nona isola più grande con 209.320 km^3 di superficie. È anche l'isola più grande d'Europa.

- **Ellesmere Island**, anch'essa nel territorio canadese di Nunavut, è la decima isola più grande con 196.230 km^3 di superficie.

> **LO SAPEVI?**
> L'isola più remota è Bouvet Island nell'Atlantico meridionale, a 1600 km dall'isola più vicina e a 2600 km dal continente sudafricano.

Oceano globale

- **Tutti i principali oceani del mondo** - Artico, Pacifico, Atlantico, Indiano e Australe - sono collegati. L'Oceano Australe si trova all'estremità meridionale del Pacifico, dell'Atlantico e dell'Oceano Indiano.

- **Ciò significa che anche i mari**, aree più piccole ma comunque enormi ai margini degli oceani, sono interconnessi.

- **Le acque salate degli oceani** e dei mari occupano il 71%, cioè più di due terzi, della superficie terrestre.

- **Questa interconnessione** fa sì che tutti i mari e gli oceani possano essere considerati come una gigantesca massa d'acqua, spesso chiamata "Oceano globale".

- **L'Oceano globale** contiene il 97% di tutta l'acqua della Terra - 1,3 miliardi di km^3.

- **L'altro 3 percento dell'acqua** del pianeta è l'acqua dolce di laghi, fiumi, torrenti e stagni.

- **La profondità media** dell'oceano globale è di poco più di 4000 m.

- **La temperatura media** dell'oceano globale è di soli 4 °C poiché la maggior parte delle acque profonde è molto fredda.

- **Gli oceani sono divisi** nel senso della profondità o verticalmente, e anche attraverso le loro aree, in zone.

- **Le zone pelagiche** sono rappresentate dal mare aperto e dall'oceano, lontano dalle coste e dal fondale.

LO SAPEVI?
L'Emisfero settentrionale è composto da oceano per circa tre quinti, ma quello meridionale è formato da oceano per meno di un quinto.

Continenti e oceani

1 Mar Glaciale Artico
2 Oceano Atlantico
3 Oceano Indiano
4 Oceano Pacifico
5 Oceano Australe

▲ L'Oceano globale, a volte chiamato semplicemente "l'oceano" o "il mare", copre un'area doppia sul pianeta rispetto alla terraferma. L'Oceano australe non ha terra lungo il suo confine settentrionale, ma solo altri oceani, a 60° di latitudine sud.

- **Le zone bentoniche** comprendono le acque più profonde, vicino e sul fondale.

- **Gli oceani contengono** diversi habitat con diverse temperature, salinità, livelli di luce, maree e correnti.

- **Le correnti d'acqua in movimento** vorticano intorno ad ogni oceano, trasportando il calore del Sole, che influenza il clima dei terreni circostanti.

Oceano Atlantico

- **L'Oceano Atlantico** è il secondo oceano più grande del mondo, con una superficie di 106.400.000 km³. Copre circa un quinto della superficie terrestre.

- **Nel suo punto più ampio**, tra Spagna e Messico, l'Atlantico ha un'estensione di 9600 km.

- **L'Atlantico è stato chiamato così** dagli antichi romani che hanno ripreso il nome delle montagne dell'Atlante del Nord Africa. L'Atlante era al limite del mondo conosciuto dai Romani.

- **Ci sono pochissime isole** nell'Oceano Atlantico, concentrate nelle aree vicine ai continenti.

▼ Questo modello computerizzato, costruito a partire da dati sonar, rivela la grande dorsale che si snoda lungo il fondo dell'Oceano Atlantico.

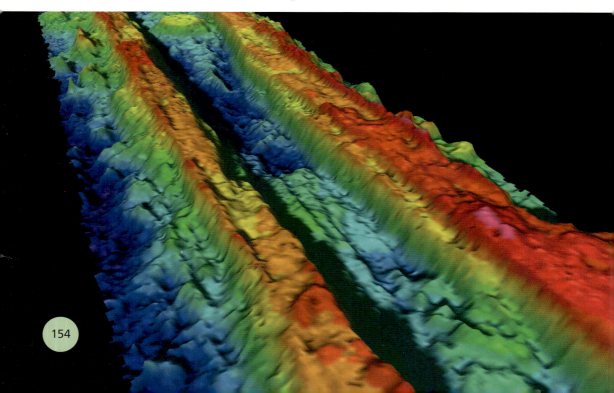

Continenti e oceani

▲ *Le nove isole vulcaniche principali delle Azzorre si trovano nel mezzo dell'Atlantico, più di 1300 km ad ovest del Portogallo, in Europa. In rapporto alle sue dimensioni, l'Atlantico ha molte meno isole di qualsiasi altro oceano.*

- **In media**, l'Atlantico è profondo circa 3400 m.

- **Il punto più profondo** dell'Atlantico è la Fossa di Porto Rico al largo di Porto Rico, profonda 8648 metri.

- **La Dorsale medio atlantica** è una grande catena montuosa sottomarina che divide a metà il fondo marino. In quel punto, l'Atlantico si allarga di 2-4 cm ogni anno.

- **Le isole dell'Atlantico centrale** sono vulcani che si trovano lungo la Dorsale medio atlantica, come le Azzorre e Ascension Island.

- **Il Mar dei Sargassi** è un'enorme area d'acqua nell'Atlantico occidentale, famosa per le sue alghe galleggianti.

- **L'Atlantico** è un oceano giovane: ha meno di 150 milioni di anni.

Mar Glaciale Artico

- **Il più piccolo tra gli oceani** è il Mar Glaciale Artico, con i suoi 14.050.000 km³ di superficie.

- **È anche il meno profondo** con una media di 1040 m.

- **La maggior parte del Mar Glaciale Artico** è costantemente coperto da una vasta zattera galleggiante di ghiaccio marino.

- **Le temperature sono basse** tutto l'anno, con una media di -30 °C in inverno che talvolta scendono fino a -70 °C.

- **Durante i lunghi inverni**, che durano più di quattro mesi, il Sole non si alza mai oltre l'orizzonte.

- **L'Artide deve il suo nome** ad *arctos*, parola greca che significa "orso", perché la costellazione dell'Orso Maggiore si trova sopra il Polo Nord.

- **Nel Mar Glaciale Artico esistono tre tipi di ghiaccio marino**: il ghiaccio polare, il pack e il ghiaccio veloce.

- **Il ghiaccio polare** è la zattera di ghiaccio che non si scioglie mai. Può essere alta solo 2 m in alcuni punti in estate, ma in inverno può raggiungere i 20 m di spessore.

- **Il pack si forma** intorno al bordo del ghiaccio polare e si congela completamente solo in inverno.

- **L'oceano rompe** e frantuma il ghiaccio in blocchi massicci e fantastiche sculture di ghiaccio.

- **Il ghiaccio veloce** si forma in inverno tra il pack e la terra intorno al Mar Glaciale Artico. Deve il suo nome al fatto che si mantiene veloce fino a riva. Non si muove su e giù con l'oceano come il pack.

Continenti e oceani

▼ *Gran parte del Mar Glaciale Artico ghiaccia ogni inverno, per poi sciogliersi di nuovo in estate.*

Oceano Indiano

- **L'Oceano Indiano** è il terzo oceano più grande. Copre un quinto della superficie oceanica mondiale con i suoi 73.500.000 km^3.

- **La profondità media** dell'Oceano Indiano è di 3890 m.

- **Il punto più profondo** è la Fossa di Java, in Indonesia, che raggiunge i 7450 m. Segna la linea in cui la placca australiana viene subdotta sotto la placca eurasiatica.

- **L'Oceano Indiano** si estende per 10.000 km nel punto più largo, tra l'Africa e l'Australia.

- **Gli scienziati hanno calcolato** che l'Oceano Indiano ha iniziato a formarsi circa 200 milioni di anni fa quando l'Australia si è staccata dall'Africa, seguita dall'India.

- **Ogni anno** l'Oceano indiano si allarga di 20 cm.

Continenti e oceani

- **L'Oceano Indiano è disseminato** di migliaia di isole tropicali come le Seychelles e le Maldive.

- **Le Maldive** sono così basse che se il riscaldamento globale facesse fondere quantità maggiori di ghiaccio polare potrebbero venire sommerse.

- **A differenza di altri oceani**, le correnti nell'Oceano indiano cambiano rotta due volte all'anno. Sono soffiate dai venti monsonici verso l'Africa in inverno, e poi verso l'India in estate.

- **Alla Tripla giunzione di Rodrigues** nell'Oceano indiano meridionale, tre placche tettoniche - africana, indiana-australiana e antartica - si allontanano l'una dall'altra a causa della diffusione dei fondali marini.

▼ Le Maldive sono alcuni dei tanti gruppi di isole dell'Oceano Indiano formati da corallo che si trovano sopra a vulcani sottomarini.

LO SAPEVI?
Il Golfo Persico è il mare più caldo del mondo, mentre il Mar Rosso è il mare più salato.

Oceano Pacifico

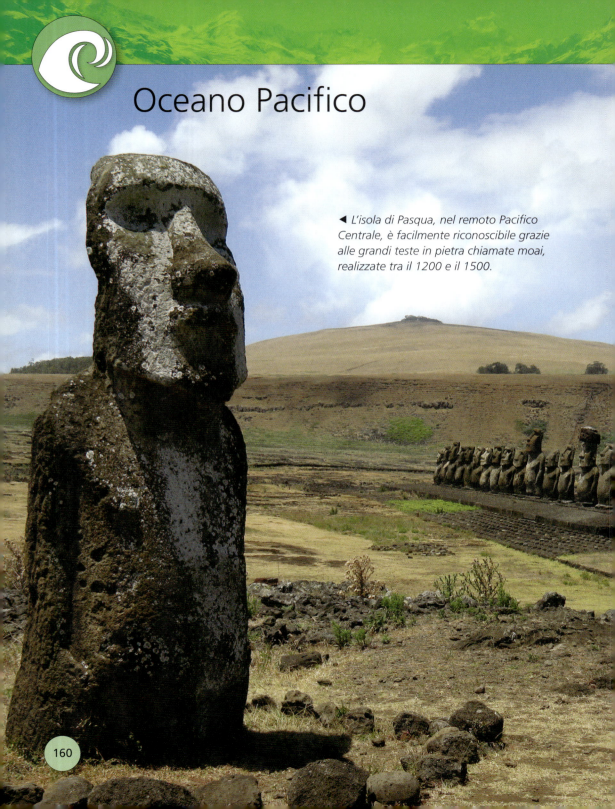

◀ L'isola di Pasqua, nel remoto Pacifico Centrale, è facilmente riconoscibile grazie alle grandi teste in pietra chiamate moai, realizzate tra il 1200 e il 1500.

Continenti e oceani

- **L'oceano più grande del mondo** è il Pacifico. È grande il doppio dell'Atlantico e copre oltre un terzo della Terra, con una superficie di 167.000.000.000 km^3.

- **Si estende per oltre 24.000 km** dalla penisola malese a Panama - più di metà della Terra.

- **La parola "pacifico"** significa calmo. Il nome dell'oceano è stato scelto dall'esploratore portoghese del XVI secolo Ferdinand Magellan (1480-1521), che ha avuto la fortuna di trovare venti leggeri quando vi ha navigato per la prima volta.

- **Nell'Oceano Pacifico sono sparse migliaia di isole**. Alcune sono le cime dei vulcani sottomarini, altre sono le barriere coralline in cima ai picchi.

- **Nel Pacifico si verificano alcune delle più grandi maree**, oltre 9 metri al largo della Corea. La sua marea più piccola, a soli 0,3 m, si verifica a Midway Island, nel mezzo dell'oceano.

- **In media**, l'Oceano Pacifico è profondo 4270 m.

- **Intorno ai suoi confini** ci sono profonde fosse oceaniche tra cui la più profonda del mondo, la Fossa delle Marianne.

- **Un'enorme catena montuosa sottomarina,** chiamata Dorsale del Pacifico orientale, si estende dall'Antartide fino al Messico.

- **Il fondale del Pacifico** si sta ampliando lungo la Dorsale del Pacifico orientale al ritmo di 12-16 cm all'anno.

- **Ci sono più montagne sottomarine** nel Pacifico che in qualsiasi altro oceano.

Oceano australe

- **Il quarto oceano più grande e più giovane** è quello australe o antartico. I suoi confini con il Pacifico, l'Atlantico e l'Oceano Indiano sono piuttosto controversi, ma sono generalmente considerati a 60° di latitudine sud.

- **Si tratta di un oceano profondo**, tra i 4000 e 5000 m per la maggior parte della sua area, e con una profondità massima di 7236 m.

- **L'Oceano australe si estende** per tutta l'Antartide, con una superficie di 35.000.000.000 di km³. È l'unico oceano che circonda tutta la Terra.

- **In inverno oltre metà dell'Oceano australe** è ricoperto di ghiaccio e iceberg che rompono la calotta antartica.

- **Il ghiaccio marino** forma pezzi rotondi chiamati "pancake ice", ovvero frittelle di ghiaccio, a causa della loro forma.

▼ L'Oceano australe è freddo e remoto, ma le sue acque pullulano di pesci di cui si nutrono questi pinguini imperatori.

Continenti e oceani

> **LO SAPEVI?**
> La corrente circumpolare antartica potrebbe riempire i Grandi Laghi del Nord America in sole 48 ore.

- **La East Wind Drift** è una corrente che scorre in senso antiorario intorno all'Antartide vicino alla costa.

- **Più lontano dalla costa** dell'Antartide, la Corrente Circumpolare Antartica scorre in direzione opposta - in senso orario da ovest a est.

- **La Corrente Circumpolare Antartica** muove più acqua di qualsiasi altra corrente al mondo.

- **Le latitudini appena sotto** i 60° Sud sono chiamate "Sessanta stridenti", a causa dei feroci venti occidentali che soffiano senza ostacoli per settimane intere, tutto intorno al pianeta.

- **In questa regione**, i venti sostenuti che superano i 150 km/h fanno salire le onde a oltre 15 m di altezza.

▼ Nell'Oceano australe blocchi e pezzi di ghiaccio si staccano continuamente dalle piattaforme di ghiaccio e dai ghiacciai che si estendono dall'Antartide verso l'esterno. Alcuni dei più grandi hanno dimensioni maggiori di alcuni piccoli paesi.

Mari

- **I mari sono piccoli oceani**, circondati totalmente o parzialmente dalla terraferma.

- **Non ci sono grandi correnti** che attraversano i mari e sono meno profondi degli oceani.

- **Nel Mediterraneo** e in altri mari, le maree possono creare un'onda di oscillazione, cioè un'onda stazionaria che oscilla avanti e indietro come un'increspatura che si muove su e giù in una vasca.

- **Se il ciclo d'onda naturale** di un'onda di oscillazione è diverso dalle maree dell'oceano, le maree vengono annullate, se è simile alle maree dell'oceano, le maree vengono ingrandite.

- **Circa 6 milioni di anni fa**, il Mediterraneo è rimasto isolato dall'Atlantico e l'acqua è evaporata, lasciando un deserto con pochi laghi molto salati.

- **Poi, circa 5,3 milioni di anni fa**, nell'alluvione zancleana, un terremoto ha permesso all'Atlantico di sgorgare attraverso la terra dove ora si trova lo Stretto di Gibilterra, riempiendo nuovamente il Mediterraneo.

- **Mari caldi come il Mediterraneo** perdono molta più acqua per evaporazione di quanta ne raccolgano dai fiumi perciò una corrente d'acqua scorre costantemente dall'Oceano Atlantico.

- **I mari caldi perdono** così tanta acqua per evaporazione che di solito sono più salati dell'oceano aperto.

LO SAPEVI?
Il Mar di Marmara, in Turchia, tra il Mar Egeo e il Mar Nero, ha una superficie di soli 11.300 km³.

Continenti e oceani

MAR NERO

▶ Il Mediterraneo è il mare più grande del mondo, con i suoi 2,5 milioni di chilometri quadrati.

MAR MEDITERRANEO

Maree

▼ *Mentre la marea è bassa qui a St Ives nel sud-ovest dell'Inghilterra (e in altri luoghi del mondo), in altre parti del mondo si forma l'alta marea.*

Continenti e oceani

LO SAPEVI?
Sulle spiagge in leggera pendenza, come le pianure fangose, l'acqua della marea che sale si muove più velocemente di una persona che corre.

- **Le maree sono il meccanismo** con cui il mare sale e scende ogni 12 ore. Quando la marea fluisce sale, quando rifluisce invece scende.

- **La forza di gravità** tra la Terra, la Luna e il Sole provoca le maree. Le acque dell'oceano scorrono liberamente sulla Terra per creare due rigonfiamenti di marea (alte maree). Un rigonfiamento è sotto la Luna, l'altro è sul lato opposto della Terra.

- **Dato che la Terra gira**, e la luna le orbita intorno, i due rigonfiamenti rimangono in linea con la Luna - e così si muovono intorno alla Terra per creare due alte maree al giorno, ma per via del leggero movimento della Luna si verificano ogni 12,5 ore e non ogni 12 ore.

- **I continenti intralciano** il movimento delle maree, e di conseguenza la loro durata e la loro altezza varia. In mare aperto, le maree si alzano di circa un metro, ma in spazi chiusi come la Baia di Fundy, in Canada, si alzano di oltre 15 m.

- **Il Sole è molto più lontano** della Luna, ma è così grande che la sua gravità influenza le maree.

- **La Luna e il Sole** si allineano nei giorni di luna piena e luna nuova, creando alte maree primaverili due volte al mese. (Non hanno nulla a che fare con la stagione primaverile.)

- **Quando la Luna e il Sole esercitano** la forza di attrazione ad angolo retto a metà ciclo lunare causano maree di quadratura, più basse del normale.

- **L'attrazione reciproca** della gravità della Luna e quella della Terra fa assumere al pianeta una leggera forma ovoidale.

Onde

- **Le onde si formano** quando il vento soffia sul mare e frusta la superficie provocando delle increspature.

- **Le particelle d'acqua** vengono trascinate a breve distanza dall'attrito tra aria e acqua, noto come stress da vento.

- **Se il vento continua a soffiare** a lungo e abbastanza forte nella stessa direzione, le particelle in movimento possono accumularsi in una cresta d'acqua. All'inizio si tratta di un'increspatura, poi di un'onda.

- **Sembra che le onde si muovano**, ma l'acqua in esse contenuta rimane nello stesso posto, rotolando come rulli su un nastro trasportatore.

- **La dimensione di un'onda** dipende dalla forza del vento e da quanto lontano soffia sull'acqua (il fetch).

- **Se il fetch è breve**, le onde possono produrre semplicemente un mare caotico e instabile. Se il fetch è lungo, possono svilupparsi in una serie di onde sinuose chiamate "onde morte".

- **Le onde più grandi** si verificano a sud dell'Africa meridionale.

- **I frangenti più alti** salgono a più di 30 m prima di schiantarsi sulla riva.

- **Quando le onde si muovono** in acque poco profonde, il rotolamento alla base è ostacolato dal fondo marino. L'acqua in superficie si accumula, poi si rovescia in un frangente.

LO SAPEVI?
Un'onda di oltre 40 m di altezza è stata registrata dalla nave USS Ramapo nel Pacifico nel 1933.

Continenti e oceani

▼ *Le onde si interrompono quando la cresta si rovescia in acque poco profonde.*

Spiagge

- **Le spiagge sono pendii** di limo, sabbia o ciottoli lungo il bordo di un oceano, un mare o un lago.

- **Alcune spiagge** sono composte interamente di corallo rotto o conchiglie.

- **Sulle spiagge ripide**, la risacca dopo ogni onda è forte; porta via il materiale lungo la spiaggia e quindi rende la sua pendenza più dolce.

- **Sulle spiagge che digradano dolcemente**, le onde si infrangono con forza e regrediscono dolcemente. Il materiale viene trasportato sulla spiaggia, rendendola più ripida.

- **La pendenza di una spiaggia** corrisponde alle onde che vi si infrangono, quindi è spesso più dolce in inverno, quando le onde sono più forti.

- **La berma di tempesta** è una cresta di ghiaia e ciottoli proiettati in alto sopra il normale segno di alta marea durante una tempesta.

Continenti e oceani

- **Nella parte superiore di tutte le spiagge** viene spesso lasciato un crinale, o berma, sulla linea di alta marea.

- **Le cuspidi delle spiagge** sono piccole baie nella sabbia che vengono scavate lungo la spiaggia quando le onde la colpiscono formando un angolo.

- **Molti scienziati ritengono** che le spiagge siano solo un fenomeno temporaneo causato dalle variazioni del livello del mare dopo l'ultima era glaciale.

- **La spiaggia naturale più lunga del mondo** è Cox's Bazaar, in Bangladesh, con un'estensione di 125 km.

LO SAPEVI?
Nel 2007, il castello di sabbia più alto, registrato a Myrtle Beach in South Carolina, USA, misurava 15 m di altezza.

▼ La spiaggia bianca di Cancun, in Messico, è composta da frammenti di barriera corallina.

Coste rocciose

- **Le linee costiere cambiano** continuamente, grazie alle onde che entrano ed escono e alle maree che salgono e scendono. Durante periodi più lunghi, le coste sono rimodellate dall'azione delle onde e dalla corrosione dell'acqua salata.

- **Sulle coste esposte**, le onde colpiscono le rocce alte e indeboliscono i pendii per creare ripide scogliere e promontori. Le onde possono penetrare nella scogliera per formare grotte marine o archi. Quando un arco marino crolla, si lascia dietro alti pilastri chiamati faraglioni.

- **Le onde rimodellano le rocce** martellandole con un enorme peso d'acqua. Le onde costringono anche l'aria nelle fessure delle rocce, che può spaccarle.

▼ Lungo le coste, il mare consuma la terraferma, ma deposita anche particelle che sedimentano e formano gradualmente nuove terre. Questo crea una varietà di elementi naturali lungo le coste.

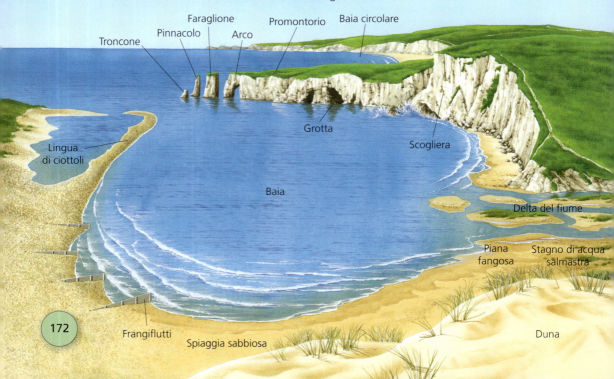

Continenti e oceani

▲ Su molte coste, le onde scavano enormi quantità di roccia fino a lasciare faraglioni isolati come gli Apostoli sulla costa meridionale dell'Australia.

▲ Dove le colline di dura roccia calcarea incontrano il mare, la base è spesso consumata dalle onde e forma ripide scogliere.

- **La potenza erosiva delle onde è** focalizzata su una banda stretta ad altezza d'onda. Man mano che le scogliere si ritirano, le onde tagliano un ampio ripiano di roccia chiamato banco costiero.

- **Quando le onde colpiscono angolarmente una costa**, si infrangono di nuovo ad angolo retto rispetto al primo angolo. Questo movimento sposta il materiale a zig-zag e il fenomeno viene detto deriva litorale.

- **La deriva litorale** può spostare la sabbia o i ciottoli fuori da baie ed estuari per creare aree lunghe e strette chiamate lingue di ciottoli o banchi.

- **Le baie sono ampie rientranze** nella costa con un promontorio su ogni lato.

- **Una cala è una piccola baia.** Un'ansa è un'enorme baia, come la Great Australian Bight. Un golfo è un'ansa lunga e stretta.

- **La baia più grande del mondo** per superficie è la baia del Bengala, in India, con un'area di 2,2 milioni di km quadrati. Hudson Bay, in Canada, ha la linea di costa più lunga con 12.268 km.

Barriere coralline

- **Le barriere coralline** coprono 285.000 km^3 di oceano. Sono costituite da minerali di calcio, in particolare carbonato di calcio, o gesso, un tipo di roccia creato da piccoli animali chiamati polipi che vivono al loro interno in colonie.

- **I polipi del corallo** sono imparentati con le meduse. Hanno tentacoli intorno alla bocca per catturare le particelle di cibo che vanno alla deriva, e producono una piccola coppa di minerale duro in cui vivere.

- **Le barriere coralline** crescono per lo più in acque poco profonde lungo le piattaforme continentali o intorno a vulcani marini estinti o montagne sottomarine.

▼ *Quasi 2000 km di barriera corallina costeggia le coste del Mar Rosso, tra Africa e Arabia. Ospitano più di 1200 specie di pesci.*

Continenti e oceani

◄ *La maggior parte dei polipi del corallo sono più piccoli della punta di un dito, ma alcuni raggiungono i 10 cm di altezza. Sono attivi soprattutto di notte quando, come le meduse e gli anemoni, agitano i tentacoli per catturare il cibo.*

- **La maggior parte dei coralli** si formano nelle calde acque tropicali del Pacifico e dell'Oceano Indiano.

- **La Grande Barriera Corallina**, al largo della costa orientale dell'Australia, con i suoi 2300 km di lunghezza è la più grande del mondo.

- **La seconda barriera corallina intera più grande** è la barriera corallina mesoamericana ad est dell'America Centrale, dallo Yucatan all'Honduras, lunga 1000 km.

- **La barriera corallina della Nuova Caledonia** è una doppia barriera corallina lunga 1500 km, seconda solo alla Grande Barriera Corallina.

- **Le barriere coralline sono tra** gli ecosistemi più diversi al mondo. Più del 25% di tutti gli animali marini vive sulle barriere coralline.

- **I polipi dei coralli** sono molto sensibili alla temperatura dell'acqua. Crescono meglio a 26-27 °C e il riscaldamento globale degli oceani li uccide o li "sbianca".

- **Sono sensibili anche all'inquinamento**, poiché le loro casse gessose si dissolvono dove le sostanze chimiche rendono l'acqua acida.

Iceberg

- **Gli iceberg sono grandi blocchi** di ghiaccio galleggiante che vengono generati, o si staccano, dalle estremità dei ghiacciai o delle calotte polari.

- **Il distaccamento degli iceberg** avviene soprattutto durante l'estate, quando il caldo scioglie parzialmente il ghiaccio.

- **Gli iceberg artici** variano dai blocchi di dimensioni di un'automobile, a quelli delle dimensioni di un palazzo. Il più grande, lungo 11 km, fu avvistato al largo di Baffin Island nel 1882.

- **I ghiacciai di Petterman e Jungersen** nella Groenlandia settentrionale formano grandi iceberg a forma di tavolo chiamati isole di ghiaccio. Sono simili agli iceberg dell'Antartide.

Continenti e oceani

- **Gli iceberg antartici** sono molto più grandi di quelli artici. Uno dei più grandi, lungo 300 km, è stato avvistato nel 1956 dal rompighiaccio USS Glacier.

- **Un altro iceberg di 300 km**, il B-15, proveniva dalla piattaforma di ghiaccio Ross in Antartide nel 2000.

- **Il ghiaccio degli iceberg artici** ha tra i 3000 e i 6000 anni.

- **L'International Ice Patrol** è stata fondata nel 1914 per monitorare gli iceberg dopo che il transatlantico RMS Titanic affondò nel 1912, colpendo un iceberg al largo di Terranova.

▼ Mossi dalle onde, i pezzi di ghiaccio rompono i ghiacciai antartici e le lastre di ghiaccio per formare iceberg dalle forme fantastiche.

Abissi oceanici

- **In media gli oceani** sono profondi oltre 4000 m.

- **Lungo il bordo** dell'oceano si trova una cengia di terra chiamata piattaforma continentale. La profondità media delle acque in quel punto è di 130-200 m.

- **Ai margini** della piattaforma continentale il fondo marino sprofonda per migliaia di metri lungo il versante continentale.

- **Il piede del pendio continentale**, che digrada dolcemente, è chiamato innalzamento continentale.

- **Al di là dell'innalzamento continentale**, il fondo dell'oceano si estende in vaste pianure chiamate pianure abissali. Si trovano a circa 4-6000 m sotto la superficie dell'acqua.

- **La pianura abissale** è ricoperta da una spessa sostanza viscida chiamata melma fatta di cenere vulcanica, polvere di meteoriti e resti di creature marine che cadono come "neve marina".

- **La pianura abissale è punteggiata** di enormi montagne, alte migliaia di metri, chiamate montagne sottomarine.

- **Le montagne sottomarine** dalla cima piatta sono chiamate guyot. Possono essere vulcani che una volta sporgevano sopra la superficie.

- **I luoghi più profondi** degli abissi sono le fosse oceaniche che si formano lungo le zone di subduzione, dove le placche tettoniche oceaniche sono spinte nel mantello dalle placche continentali. La più profonda è la Fossa delle Marianne nel Pacifico.

> **LO SAPEVI?**
> Le pianure abissali coprono quasi la metà del fondo dell'oceano, quindi hanno circa la stessa area della terraferma sulla Terra.

Continenti e oceani

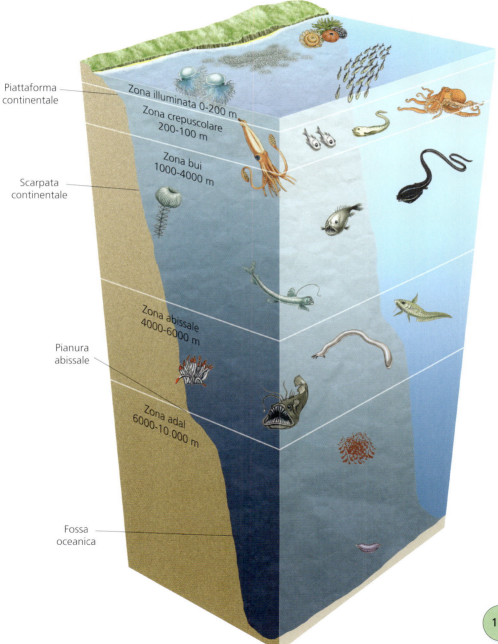

▼ Il fondo dell'oceano diventa più profondo in zone ben distinte. Nella maggior parte degli oceani la pianura abissale si estende larga e pianeggiante per migliaia di chilometri.

Fumarole nere

- **Le fumarole nere che emettono fumi neri** di gas caldi, particelle e acqua ardente, sono camini naturali sul fondo marino.

- **Il nome tecnico** per le fumarole nere è "bocchette idrotermali" e sono fenomeni vulcanici.

- **Le fumarole nere si formano** lungo le dorsali medio oceaniche nei punti in cui le placche tettoniche si stanno allontanando.

- **Quando l'acqua di mare filtra** attraverso le fessure del fondo marino, possono formarsi le fumarole nere. L'acqua viene riscaldata dal magma vulcanico e dissolve i minerali nella roccia.

- **Una volta che l'acqua** è surriscaldata, sgorga dalle bocchette in pennacchi neri bollenti e ricchi di minerali.

Continenti e oceani

● **Il pennacchio si raffredda rapidamente** nel mare, lasciando densi depositi di zolfo, ferro, zinco e rame in alte bocchette a camino.

● **Le bocchette più alte** possono superare i 50 m di altezza.

● **I getti d'acqua** delle fumarole nere possono raggiungere una temperatura di 650 °C.

● **Le fumarole ospitano una comunità** di organismi che prosperano nelle acque bollenti e nelle sostanze chimiche tossiche. Tra di essi si trovano vongole giganti, granchi ciechi, pesci anguilla e vermi tubo giganti.

LO SAPEVI?
Ogni goccia di acqua di mare negli oceani circola attraverso una fumarola nera ogni dieci milioni di anni.

◄ *Le fumarole nere eruttano fiumi di acqua surriscaldata, gas caldi e particelle minerali nelle fredde profondità degli oceani.*

Correnti oceaniche superficiali

- **Le correnti oceaniche di superficie** sono come fiumi giganti larghi molti chilometri e profondi in media 100 m che scorrono a 15 km all'ora.

- **Le correnti principali** sono suddivise su entrambi i lati dell'Equatore in anelli giganti chiamati gyres.

- **Nell'emisfero settentrionale** i gyres scorrono in senso orario. In quello meridionale scorrono in senso antiorario.

▼ La calda corrente della Corrente del Golfo che scorre attraverso l'Atlantico (rosa chiaro) aiuta a mantenere mite il clima dell'Europa nord occidentale.

Continenti e oceani

- **Le correnti oceaniche** sono guidate da una combinazione di venti e dalla rotazione terrestre.

- **Vicino all'Equatore**, l'acqua è spinta da venti orientali e crea correnti equatoriali che fluiscono verso ovest.

- **Quando le correnti equatoriali** raggiungono i continenti, la rotazione della Terra le devia verso i poli come correnti calde.

- **Mentre le correnti calde scorrono verso i poli**, i venti occidentali le riportano ad est attraverso gli oceani. Quando le correnti raggiungono il lato più lontano, cominciano a fluire verso l'Equatore lungo le coste occidentali dei continenti come correnti fresche.

- **La corrente nord atlantica**, cioè la parte settentrionale della Corrente del Golfo, porta acqua calda dai Caraibi all'Inghilterra sud-occidentale, rendendo quelle aree abbastanza calde da far crescere le palme, ma arriva anche a nord fino a Terranova.

- **Asciugando l'aria**, le correnti fresche possono creare deserti, come il Baja in California e il deserto di Atacama in Cile.

LO SAPEVI?
Il più piccolo gyre principale nell'Atlantico settentrionale ha una portata d'acqua pari a un terzo del più grande gyre del Pacifico meridionale.

183

Correnti oceaniche profonde

- **Le correnti oceaniche superficiali** influiscono solo sui primi 100 m circa di profondità dell'oceano. Le correnti profonde, invece, coinvolgono l'intero oceano.

- **Le correnti profonde** vengono messe in moto da differenze nella densità dell'acqua marina. La maggior parte di esse si muove solo per pochi metri al giorno.

- **La maggior parte delle correnti profonde** sono chiamate circolazioni termoaline perché dipendono dalla temperatura dell'acqua ("thermo") e dal contenuto di sale ("aline").

- **Se l'acqua di mare è fredda** e salata, è densa e affonda.

- **Di solito, l'acqua densa si forma** nelle regioni polari dove l'acqua è fredda e appesantita dal sale lasciato dalla formazione del ghiaccio marino.

- **La densa acqua polare** affonda e si espande verso l'equatore molto al di sotto della superficie.

- **Gli oceanografi** chiamano l'acqua densa che affonda e origina le correnti oceaniche profonde "acque profonde".

- **Nell'emisfero settentrionale** l'area principale in cui si formano le acque profonde è l'Atlantico settentrionale.

- **La densa acqua salata** proveniente dal Mediterraneo affonda rapidamente - un metro al secondo - attraverso lo Stretto di Gibilterra per aggiungere alle acque profonde dell'Atlantico settentrionale.

LO SAPEVI?
Le acque profonde dell'Antartide sono a una temperatura sotto lo zero, a -1,9 °C, ma il contenuto di sale e il movimento impediscono loro di congelare.

Continenti e oceani

- **Nell'oceano esistono tre** livelli verticali.
- **L'epilimnio** è l'acqua superficiale riscaldata dalla luce del sole, solitamente a 100-300 m di profondità.
- **Il termoclino** è dove l'acqua diventa più fredda rapidamente man mano che aumenta la profondità, di solito tra 500 e 1000 m.
- **L'ipolimnio** rappresenta la maggior parte delle acque profonde e fredde dell'oceano.

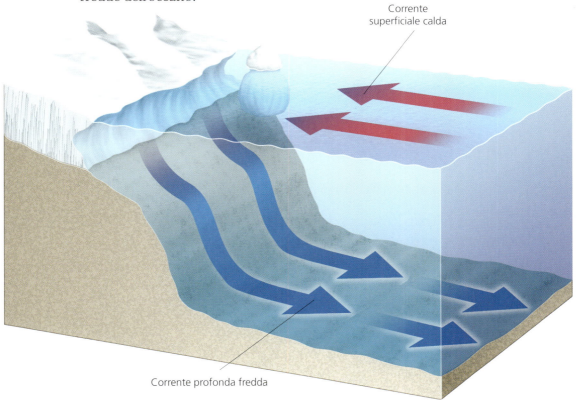

▲ La circolazione delle acque profonde inizia nelle regioni polari, dove l'acqua fredda e densa affonda, carica di sale lasciato dal processo di formazione del ghiaccio.

Fosse oceaniche

- **Le fosse oceaniche** sono ripide e profonde valli sul fondo degli oceani e si trovano dove le placche tettoniche scorrono l'una accanto all'altra o dove una scivola sotto l'altra, a causa della subduzione.

- **Queste zone** sono spesso delimitate da linee di isole vulcaniche o montagne sottomarine.

- **Le misurazioni della gravità** in corrispondenza di una fossa mostrano che il "downwelling", il fenomeno per cui rocce a maggiore densità affondano sotto rocce a densità minore, si sta verificando in profondità sotto la crosta terrestre.

- **Prima dell'esplorazione** per trovare fondali adatti a posare cavi telegrafici transatlantici alla fine del XIX secolo, non si conosceva l'esistenza di fosse oceaniche.

- **Negli oceani terrestri sono state scoperte più di 20 fosse** di acque profonde: 18 nell'Oceano Pacifico, tre nell'Atlantico e una nell'Oceano Indiano.

- **La più profonda** è la Fossa delle Marianne.

- **La fossa di Tonga** nell'Oceano Pacifico, con i suoi 10.882 m, è la seconda più profonda al mondo.

- **La Fossa delle Filippine,** sempre nell'Oceano Pacifico, raggiunge i 10.540 m ed è la terza più profonda.

- **La quarta più profonda** è la fossa Kuril-Kamchatka nell'Oceano Pacifico a 10.542 m.

- **Le successive sono** la fossa Kermadec nell'Oceano Pacifico a 10.047 m, e la fossa giapponese Izu-Ogasawara nell'Oceano Pacifico a 9504 m.

Continenti e oceani

- **La fossa Perù-Cile,** o di Atacama, corre vicino alla terraferma per 5900 km lungo l'intera costa pacifica del Sud America. È profonda 8065 m, ed è la nona fossa più profonda al mondo.

▼ La maggior parte delle immersioni nelle fosse sono effettuate da imbarcazioni non presidiate chiamate ROV (veicoli subacquei telecomandati). Sono dotati di telecamere, sensori di pressione, temperatura e salinità, campionatori a braccio robotizzato e molti altri dispositivi. Questa foto mostra l'imbarcazione Jiaolong che preleva campioni a quasi 7000 m di profondità nella fossa delle Marianne.

Fossa delle Marianne

- **La fossa delle Marianne** si trova nell'Oceano Pacifico, ad est delle Isole Marianne e a sud del Giappone.

- **È lunga 2550 km** e larga in media 70 km.

- **È l'area più profonda** degli oceani terrestri - le stime variano, ma la maggior parte di esse indicano che si aggira intorno ai 10.980 m nel punto più basso.

- **Il punto più profondo,** all'estremità meridionale della fossa, è chiamato Challenger Deep, dal nome della nave da ricerca che lo scoprì nel 1875.

- **La pressione dell'acqua** sul fondo del Challenger Deep è 1000 volte superiore a quella della superficie dell'oceano - 1,25 tonnellate per cm quadrato.

- **La temperatura** sul fondo della fossa è compresa tra di 1 e 4 °C.

- **La fossa delle Marianne** si è formata dove la placca tettonica del Pacifico viene spinta, o subdotta, sotto la placca delle Marianne.

- **Questa subduzione** ha creato anche i vulcani che hanno formato le vicine isole Marianne.

- **La prima spedizione con equipaggio** sul fondo del Challenger Deep è stata effettuata da Jacques Piccard e Don Walsh nel batiscafo Trieste il 23 gennaio 1960.

- **Ci sono volute 4 ore e 47 minuti** per immergersi dalla superficie al fondo, e 3 ore e 15 minuti per risalire dopo soli 20 minuti di permanenza sul fondo.

Continenti e oceani

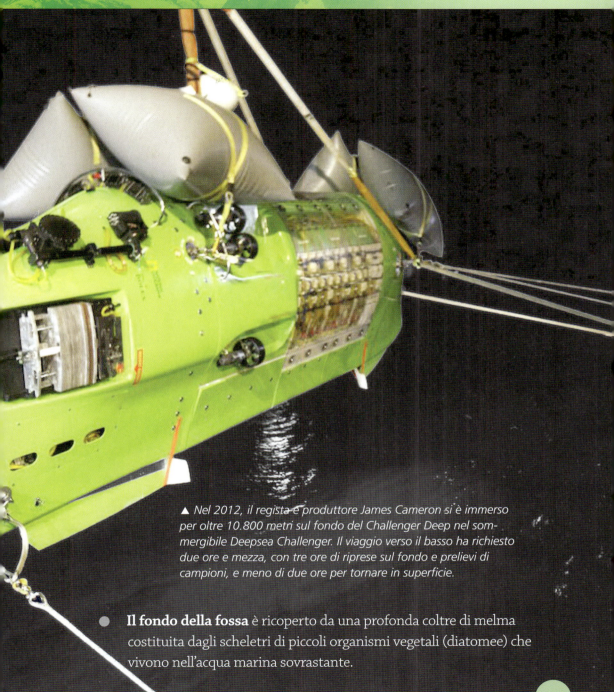

▲ Nel 2012, il regista e produttore James Cameron si è immerso per oltre 10.800 metri sul fondo del Challenger Deep nel sommergibile Deepsea Challenger. Il viaggio verso il basso ha richiesto due ore e mezza, con tre ore di riprese sul fondo e prelievi di campioni, e meno di due ore per tornare in superficie.

- **Il fondo della fossa** è ricoperto da una profonda coltre di melma costituita dagli scheletri di piccoli organismi vegetali (diatomee) che vivono nell'acqua marina sovrastante.

Fossa di Porto Rico

▲ *I fondali e le profondità sono mappati da ecoscandagli o sonar - che emettono onde sonore e misurano gli echi (riflessi). Questa nave ha un sonar multibeam e traina un sommergibile con sonar sidescan.*

- **La Fossa di Porto Rico** è una gola ad arco lunga 800 km che si trova a nord di Porto Rico e delle Isole Vergini.

- **Segue il bordo** del Mar dei Caraibi, dove incontra l'Oceano Atlantico.

Continenti e oceani

- **La parte più profonda** della trincea è l'abisso Milwaukee, che raggiunge gli 8380 m circa. Fu scoperto usando il sonar della nave della marina americana che porta il suo nome, nel 1939.

- **L'abisso Milwaukee** è anche il punto più profondo dell'Atlantico e il più profondo di qualsiasi altro oceano escluso l'Oceano Pacifico.

- **La fossa si trova tra** due placche tettoniche, la placca nordamericana e la placca caraibica, che scorrono l'una accanto all'altra ad una velocità di 20 mm all'anno.

- **Questo scivolamento non è graduale,** ma si verifica con il fenomeno del fault-slip: i bordi della placca si attaccano e poi improvvisamente scivolano quando la pressione si accumula.

- **Questo causa** frequenti e potenti terremoti nella zona, che a loro volta causano grandi tsunami.

- **Negli ultimi 100 anni** si sono verificati numerosi terremoti e tremori causati dal fenomeno del fault-slip. L'area di subduzione è stata tranquilla per un po' di tempo e gli scienziati si aspettano un evento geologico importante da un momento all'altro.

- **Nel 1787 nella fossa** si è verificato un terremoto di magnitudo 8,1. Un altro nel 2014 ha fatto registrare una magnitudo di 6,4.

- **Più a sud,** vicino alle Piccole Antille, c'è una zona di subduzione dove la placca caraibica scivola sotto la placca nordamericana.

- **Questa zona di subduzione,** anche se piccola, causa i vulcani attivi che si trovano nel sud-est del Mar dei Caraibi.

Montagne e canyon

Sistemi montuosi

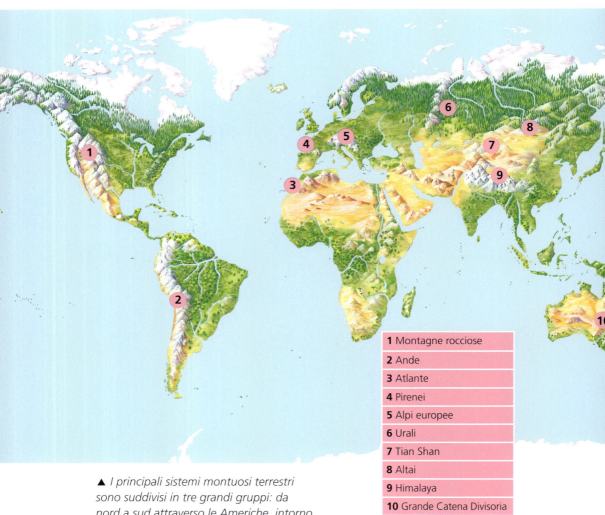

1	Montagne rocciose
2	Ande
3	Atlante
4	Pirenei
5	Alpi europee
6	Urali
7	Tian Shan
8	Altai
9	Himalaya
10	Grande Catena Divisoria

▲ *I principali sistemi montuosi terrestri sono suddivisi in tre grandi gruppi: da nord a sud attraverso le Americhe, intorno al Mar Mediterraneo e, da lì, da ovest a est in Asia centrale. Il sistema più grande dell'Oceania è la Grande Catena Divisoria australiana.*

1 e 2 formano la Cordigliera americana delle Ande, 7, 8 e 9 costituiscono il Pamir-Himalaya

Montagne e canyon

- **I sistemi montuosi** sono gruppi o catene montuose che sono stati creati dagli stessi eventi geologici. Spesso includono catene e sub-catene montuose. Catene di catene montuose vengono anche chiamate cordigliere.

- **La fascia alpina** è un sistema che spazia dalle Alpi europee, attraverso l'Himalaya fino alle montagne dell'Indonesia.

- **Il sistema di montagne** chiamato Cordigliera artica passa attraverso il Canada nord-orientale, da Ellesmere Island a sud attraverso Baffin Island fino alla punta settentrionale di Terranova.

- **Il sistema montuoso ininterrotto più lungo del mondo** è la dorsale medio oceanica, lunga più di 60.000 km.

- **La cintura di fuoco del Pacifico** è un'area montuosa molto attiva intorno alla placca tettonica del Pacifico, chiamata sistema montuoso circumpacifico.

- **Si può affermare che questo sistema** comprende la Cordigliera americana, le isole Aleutine, la Kamchatka, il Giappone, Taiwan, le Filippine, la Papua Nuova Guinea e la Nuova Zelanda.

- **Solo le Ande,** con i loro 7000 km di lunghezza, sono a volte considerate il sistema montuoso più lungo del mondo.

- **Il sistema montuoso del Pacifico** si estende per 7250 km dalla Columbia Britannica in Canada lungo la costa occidentale del Nord America fino al Messico.

- **Il sistema montuoso della Cordigliera** americana inizia in Alaska e scende lungo la costa occidentale del Nord e Sud America fino alla punta meridionale del Cile.

Himalaya

- **L'Himalaya** è una catena montuosa che si trova tra il subcontinente dell'India e il Tibet, che fa parte della Cina. Le montagne si trovano di fronte ad altri quattro paesi, o li toccano: Nepal, Bhutan, Afghanistan e Pakistan.

- **"Hima" significa neve** in sanscrito, alaya significa abitazione, quindi Himalaya significa "casa della neve".

- **L'Himalaya è coperto** da più neve e ghiaccio che in qualsiasi altra parte del mondo, escluse le calotte polari dell'Antartide e dell'Artide.

- **Le 100 cime più alte del mondo** sono sull'Himalaya. Sono tutte alte più di 7200 m.

▼ L'Himalaya, qui fotografato con l'Everest al centro, è conosciuto come il "tetto del mondo". L'intera catena è lunga circa 2500 km.

Montagne e canyon

- **Il più alto** di tutti è il Monte Everest con i suoi 8848 m.

- **Tre dei fiumi più importanti** del mondo iniziano sulle montagne himalayane: il Gange, l'Indo e il Brahmaputra. Insieme forniscono acqua dolce a un quinto della popolazione mondiale.

- **Le montagne** che compongono l'Himalaya sono tra le più giovani del mondo.

- **Hanno cominciato a formarsi** circa 70 milioni di anni fa, quando la placca tettonica indo-australiana ha iniziato a spingere contro la placca eurasiatica, chiudendo l'Oceano Tetide che prima si trovava nel mezzo.

- **Le montagne continuano ad innalzars**i di circa 5 mm all'anno, mentre la placca indo-australiana, che si muove verso nord ad una velocità di 70 mm all'anno, spinge sotto la placca eurasiatica.

- **A causa del ghiaccio,** della neve, dell'acqua di fusione, di torrenti e fiumi, le montagne si stanno erodendo ad una velocità di 2-12 mm all'anno.

LO SAPEVI?
L'Altopiano Tibetano è il più alto del mondo. Si estende per 2,5 milioni di chilometri quadrati ad un'altezza media di 4500 m.

Ande

- **Si ritiene che la parola "Ande"** derivi dalla parola in lingua quechua (popoli sudamericani) *antisuyu*, che era la "regione orientale" dell'Impero Inca.

  ▼ Molte vette andine sono sempre ricoperte di ghiaccio e neve, eppure qui sopravvivono animali come questi condor andini, che si allontanano dalla loro cengia per scrutare le scogliere e le valli alla ricerca di cibo.

Montagne e canyon

- **La catena montuosa andina, che corre lungo la costa ovest** del Sud America, è la più lunga catena montuosa continua del mondo, con i suoi 7000 km e una larghezza compresa tra i 200 e i 700 km.

- **La catena montuosa attraversa** sette paesi sudamericani: Venezuela, Colombia, Ecuador, Perù, Bolivia, Cile e Argentina.

- **Con un'altezza media** di 4000 m, le Ande sono la catena montuosa più alta al di fuori dell'Asia.

- **L'Aconcagua in Argentina** è la montagna più alta delle Ande, con i suoi 6962 m di altitudine.

- **Le Ande si trovano lungo il bordo** dell'Anello di fuoco del Pacifico, un cerchio di attività vulcanica causata dal movimento di placche tettoniche intorno ai bordi dell'Oceano Pacifico.

- **I vulcani più alti** del mondo si trovano sulle Ande. Il più alto è Ojos del Salado che raggiunge i 6893 m.

- **Le montagne** che non sono vulcani si sono formate per sollevamento, fagliazione e piegamento, poiché le placche di Nazca e dell'Antartide sono state forzate sotto la placca sudamericana.

- **Nella zona c'è ancora attività geologica** e poiché la subduzione continua, molti dei vulcani delle Ande sono ancora attivi.

- **A causa della loro lunga e attiva** storia geologica, le Ande hanno ricchi giacimenti di risorse come oro, argento, rame, stagno, ferro e nitrati, e sono le più grandi fonti di litio del mondo.

Montagne rocciose

- **Le Montagne Rocciose,** sono la principale catena montuosa del Nord America.

- **La catena montuosa è lunga 4830 km** e larga tra 110 e 480 km, passando dalla British Columbia in Canada al New Mexico negli Stati Uniti.

- **Le Montagne Rocciose** si sono costituite durante centinaia di milioni di anni. Alcune delle rocce si sono formate in epoca precambriana quasi 2000 milioni di anni fa.

- **Tuttavia l'attuale catena montuosa** è per lo più abbastanza "giovane", ha circa 50-80 milioni di anni, epoca in cui varie placche tettoniche si sono spinte sotto la placca nordamericana.

▶ Con i suoi 4301 m di altezza, Pikes Peak nelle Montagne Rocciose orientali del Colorado è visibile per molte miglia attraverso le Grandi Pianure. È diventato un simbolo per i pionieri che si avvicinano alle montagne in cerca di oro nel diciannovesimo secolo.

Montagne e canyon

- **La vetta più alta** è il Monte Elbert in Colorado, USA, con i suoi 4400 m.

- **Le Montagne Rocciose** fanno parte di una catena montuosa più lunga chiamata Cordigliera americana che va dal Nord America attraverso l'America Centrale e il Sud America fino all'Antartide.

- **Le risorse minerarie** ottenute dalle Montagne Rocciose includono rame, oro, piombo, molibdeno, argento, tungsteno e zinco. Si estraggono anche carbone, gas e petrolio.

- **Lo spartiacque Continental Divide** del Nord America attraversa le Montagne Rocciose ed è la fonte di alcuni fiumi che scorrono ad ovest verso il Pacifico e altri che scorrono ad est verso l'Atlantico.

- **I fiumi che scorrono ad ovest** includono il Peace River, il Columbia e il Colorado.

- **I fiumi che scorrono verso est** includono il Rio Grande, il Missouri e il fiume Platte.

Urali

- **Gli Urali** sono una catena montuosa che si estende per 2500 km nella Russia occidentale, dal Mar Glaciale Artico a sud fino al Kazakistan.

- **La catena montuosa** costituisce una barriera naturale tra l'Europa e l'Asia.

▼ *Carbone, altri minerali, metalli come ferro e rame, e molte gemme - qui in un'immensa miniera di diamanti - che provengono dagli Urali riforniscono gran parte dell'industria russa.*

Montagne e canyon

- **Nel Bashkortostan una leggenda** narra di un eroe chiamato "Ural", sepolto sotto un mucchio di rocce dopo che morì per salvare la sua gente. Il mucchio di roccia divenne la catena montuosa.

LO SAPEVI?
Circa 300 milioni di anni fa l'Oceano degli Urali è stato schiacciato e chiuso dai movimenti delle placche fino a formare la catena montuosa degli Urali.

- **Qui si trovano circa 50 preziosi giacimenti** tra cui oro, ferro, rame, mica, pietre preziose, carbone, petrolio e gas. Il loro sfruttamento ha portato ad insediamenti in luoghi desolati e allo sviluppo industriale della Russia.

- **Con i suoi 1895 m**, il monte Narodnaya è la montagna più alta della catena montuosa.

- **Gli Urali** sono tra le montagne più antiche del mondo: si sono formati circa 300 milioni di anni fa, quando l'antico continente dell'Eurasia si spinse contro un continente chiamato Kazakhstania.

- **I fiumi Ural e Kama** scorrono a sud e ad est fino al Mar Caspio. Il fiume Pechora scorre a ovest e a nord fino al Mar Glaciale Artico.

- **I fiumi** degli Urali sono ghiacciati per almeno la metà di ogni anno.

- **Ci sono molti laghi profondi** tra le montagne, il più profondo è il lago Bolshoye Shchuchye, a 136 m.

- **Negli Urali settentrionali i laghi e i fiumi** sono alimentati da precipitazioni che raggiungono il volume di un metro all'anno, principalmente sotto forma di neve.

203

Alpi europee

- **Le Alpi** si estendono per 1200 km attraverso l'Europa, dal mare Adriatico a est al mar Mediterraneo a ovest.
- **La catena montuosa attraversa** la Francia, l'Italia, la Svizzera, l'Austria e la Slovenia.
- **Circa 300 milioni di anni fa,** le montagne hanno iniziato a formarsi quando le placche tettoniche africana ed eurasiatica si sono unite, corrugando la roccia.
- **Le montagne, dette "ripiegate"** si sono formate dal sollevamento di rocce sedimentarie marine provenienti dai fondali dell'antico Oceano Tetide.
- **Il Monte Bianco,** con i suoi 4810 m, è la montagna più alta al confine tra Francia e Italia.
- **Ci sono quasi altre 100 vette** alpine che superano i 4000 m, chiamate "i quattromila".
- **Nel 1991 sulle Alpi è stato trovato un corpo congelato:** si tratta di Otzi, l'Uomo venuto dal ghiaccio, che ha 5000 anni e ha fornito molte informazioni importanti sulla vita in quel periodo.

▶ *Otzi si è conservato ad un'altezza di 3200 m, insieme ai suoi vestiti, armi, attrezzi ed anche erbe medicinali.*

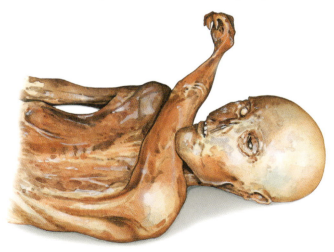

Montagne e canyon

▲ Più di 100 milioni di persone visitano ogni anno le Alpi per sciare, fare snowboard, arrampicarsi e camminare in uno scenario da favola.

- **Le Alpi sono molto apprezzate** dagli alpinisti. Il Monte Bianco fu scalato per la prima volta nel 1788, mentre la maggior parte degli altri "quattromila" furono scalati negli anni '50 del 1800.

- **L'ultima delle più difficili "pareti nord",** quella dell'Eiger, venne scalata solo nel 1938.

- **Da migliaia di anni le Alpi vengono sfruttate** per l'estrazione di minerali. Le rocce sono ricche di rame, oro, ferro e cristalli come l'ametista e il quarzo.

- **All'interno di uno dei ghiacciai** delle Alpi c'è un laboratorio dove gli scienziati studiano il movimento del ghiaccio e le erosioni.

Grande catena divisoria

- **Chiamata anche Altopiano orientale,** la Grande catena divisoria è la principale catena montuosa dell'Australia, che va dalla punta settentrionale del Queensland, attraverso il New South Wales fino a Victoria.

- **Con i suoi oltre 3500 km** è la terza catena montuosa più lunga del mondo, sulla terraferma.

- **La catena montuosa si è formata** 300 milioni di anni fa tramite fagliazioni e pieghe, quando la placca australiana si è scontrata con una placca che trasportava quella che oggi è la Nuova Zelanda e parte del Sud America.

- **La maggior parte delle montagne** formatesi durante quel processo si sono completamente erose, e quelle rimaste sono piuttosto basse per gli standard mondiali e facili da scalare.

- **La montagna più alta d'Australia**, il monte Kosciuszko, sulla Grande catena divisoria, è alta 2228 metri.

- **Le montagne influenzano** il clima di tutto il continente. Il vapore acqueo del Pacifico viene trasportato dagli alisei fino alla costa orientale dove le montagne fanno sì che l'acqua cada sotto forma di pioggia o neve.

- **Le terre sottovento,** ad ovest delle montagne, ricevono pochissime precipitazioni e sono quindi molto aride.

- **Queste montagne sono chiamate** la Grande catena divisoria perché dividono i fiumi tra quelli che scorrono dalle montagne ad est verso l'Oceano Pacifico, come il fiume Snowy River, e quelli che scorrono ad ovest verso le pianure centrali, come il sistema fluviale Murray Darling.

Montagne e canyon

- **I primi ad insediarsi** nelle catene montuose furono le tribù aborigene australiane che decoravano le grotte e tracciavano sentieri attraverso i passi montani.

- **La catena montuosa costituiva** una barriera significativa per i coloni europei fino a quando i pionieri inglesi Gregory Blaxland, William Lawson e William Charles Wentworth trovarono un percorso attraverso le Blue Mountains, parte della catena montuosa, nel 1813.

▼ Le dighe idroelettriche sui Monti Nevosi, all'estremità meridionale della Grande catena divisoria, forniscono energia a città come Canberra, Melbourne e Sydney.

Atlante

- **Le montagne dell'Atlante** formano una catena che corre per 2500 km attraverso l'angolo nord-occidentale del continente africano.

- **La catena si estende** su una superficie di 775.340 km^3 e attraversa tre paesi - Algeria, Marocco e Tunisia.

- **Toubkal in Marocco** è la montagna più alta, e si erge a 4165 m sul livello del mare.

- **Le montagne dell'Atlante** sono delimitate dall'Oceano Atlantico a nord-ovest, dal Mar Mediterraneo a nord e dal Sahara a sud.

- **La catena montuosa si è formata** durante tre eventi geologici da rocce precambriane, nel corso di miliardi di anni.

- **Il primo evento** avvenne nell'Era Paleozoica, quando l'Africa si scontrò con l'America.

Montagne e canyon

- **Il secondo episodio** avvenne durante l'era mesozoica, quando l'Africa e l'America cominciarono a separarsi e tra di esse si formò una nuova crosta.

- **La terza fase** si verificò nell'Era Cenozoica, tra 66 e 1,8 milioni di anni fa, quando l'Europa si scontrò con l'Africa e spinse sulle rocce per formare le attuali montagne.

- **Dalle montagne dell'Atlante** vengono estratte risorse minerarie come ferro, piombo, rame, argento, mercurio, carbone e gas.

- **L'intera catena** è composta da tre catene montuose più piccole: il Medio Atlante a nord, l'Alto Atlante e l'Anti Atlante a sud.

▼ Il monte Toubkal è coperto di neve e ghiaccio in inverno, ma diventa arido e nudo nella calura estiva.

Monti transantartici

- **I Monti transantartici** formano una linea spezzata che si estende attraverso il continente antartico dal mare di Weddell al mare di Ross.
- **Essi dividono** il continente in Antartide orientale e occidentale.

▼ *Poiché l'Antartide è un deserto, con pochissime precipitazioni, le principali forze di erosione sulle montagne transantartiche sono il calore del sole, il gelo e il ghiaccio.*

Montagne e canyon

- **Le montagne si estendono** per 3500 km formando una delle più lunghe catene montuose del mondo.

- **Mentre in altre parti del mondo le cime montuose** sono spesso coperte di ghiaccio e neve, in Antartide alcune delle cime, e persino le valli tra di esse, sono le uniche parti del continente non coperte di ghiaccio.

- **Molte vette superano** i 4000 m sul livello del mare. La più alta è il monte Kirkpatrick che raggiunge i 4528 m.

- **Le cime che spuntano** attraverso il ghiaccio sono chiamate nunataks.

- **La catena montuosa ha iniziato** a formarsi circa 65 milioni di anni fa, quando si è creato il Rift antartico occidentale, spingendo verso est la crosta rocciosa.

- **L'Antartico orientale** è coperto da un vasto strato di ghiaccio che scorre attraverso le fessure tra le montagne come i ghiacciai e poi nel Mar di Ross.

- **Le temperature scendono** fino a -80 °C e non c'è acqua dolce. Solo animali come foche, pinguini e uccelli marini possono vivere in questo luogo insieme a batteri, licheni, alghe e funghi.

- **Sotto le montagne** sono state trovate delle riserve di carbone, forse le più grandi del mondo, ma i trattati internazionali e l'ambiente desolato impediscono qualsiasi attività estrattiva.

LO SAPEVI?

Per raggiungere il Polo Sud, i primi esploratori hanno dovuto attraversare i Monti transantartici attraverso il ghiacciaio Beardmore, lungo 200 km.

Dorsale medio atlantica

- **La Dorsale medio atlantica** si estende per 16.000 km formando la più lunga catena montuosa del mondo, ma la maggior parte di essa è sommersa sotto l'Oceano Atlantico.

- **Si snoda al centro** dell'Atlantico, seguendo la forma delle Americhe a ovest e dell'Europa e dell'Africa a est.

- **Nell'Atlantico settentrionale,** la cresta segna la congiunzione tra la placca tettonica eurasiatica e la placca nordamericana.

- **Nell'Atlantico meridionale** la cresta separa le placche africane e sudamericane.

- **C'è una valle** o spaccatura lungo il centro della cresta dove la roccia liquida calda, o magma, sgorga e si solidifica per formare nuova crosta oceanica, man mano che il fondo marino si espande. Questo spinge le placche est e ovest ad una distanza di 2-4 cm all'anno.

- **La roccia di nuova formazione** si increspa su entrambi i lati della cresta, in file di montagne e valli parallele.

- **La Dorsale medio atlantica** ha iniziato a formarsi circa 180 milioni di anni fa, quando ha separato la Pangea, l'antico e vasto supercontinente.

- **Fa parte di un sistema** di creste che si estende per oltre 60.000 km in tutto il mondo sotto tutti gli oceani.

- **L'Islanda è la punta** di una delle montagne della catena. Nel punto più alto si trova a 2109 m dal fondo marino circostante.

- **Altre isole** dell'Oceano Atlantico che sono picchi montuose sono le Azzorre, Ascension Island, Sant'Elena e Tristan de Cunha.

Montagne e canyon

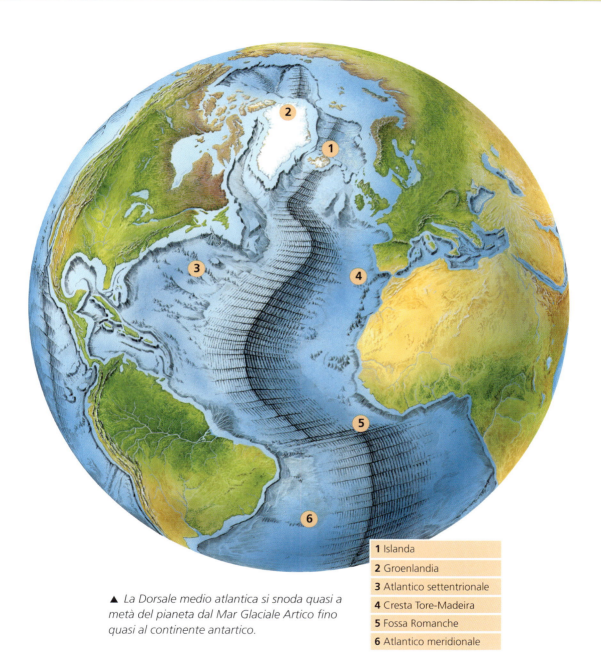

▲ La Dorsale medio atlantica si snoda quasi a metà del pianeta dal Mar Glaciale Artico fino quasi al continente antartico.

1 Islanda
2 Groenlandia
3 Atlantico settentrionale
4 Cresta Tore-Madeira
5 Fossa Romanche
6 Atlantico meridionale

Grand Canyon

- **Il Grand Canyon,** in Arizona, USA, è una profonda gola lunga 446 km e larga tra 6,5 e 29 km.

- **Il fiume Colorado** scorre lungo il fondo del canyon, a tratti profondo oltre 1800 metri.

- **Infatti il Grand Canyon** è stato formato dal fiume Colorado, che da circa 17 milioni di anni taglia le rocce o le erode.

- **Lo strato superiore di roccia,** chiamato calcare di Kaibab, si è formato circa 240 milioni di anni fa.

▼ Molte delle rocce del Grand Canyon, comprese le arenarie e le pietre calcaree brillano con colori intensi al tramonto.

Montagne e canyon

- **Man mano che il fiume ha scavato più in profondità,** ha esposto strati di rocce sempre più vecchi. Quelli in basso hanno fino a due miliardi di anni.

- **Tra queste due date** la documentazione geologica è praticamente completa ad eccezione di una singola lacuna, detta non conformità, tra 500 milioni e 1500 milioni di anni fa, quando si è verificata l'erosione ma nessuna deposizione (formazione di nuova roccia).

- **Le rocce si sono formate principalmente** come strati di sedimenti sul fondo o ai margini di mari caldi e poco profondi. Contengono fossili di animali marini come coralli e spugne.

- **Tuttavia alcuni degli strati rocciosi** si sono formati a partire da paludi, fiumi o dune di sabbia infatti contengono fossili come foglie, ali di libellula o le tracce di animali terrestri primitivi.

- **Il Grand Canyon** è una delle meraviglie naturali del mondo. È il sito turistico più popolare in Arizona e riceve circa cinque milioni di visitatori ogni anno.

- **Il canyon attraversa** una zona chiamata altopiano del Colorado, un'area molto stabile che per centinaia di milioni di anni non è stata colpita da eventi orogenici significativi.

Gole del fiume Indo

- **L'Indo** inizia la sua vita in Tibet come sorgente di montagna chiamata Sengge, a circa 5000 m sul livello del mare.

- **Diventa** il fiume Indo quando si unisce al fiume Gar.

- **Più a valle,** vicino al monte Nanga Parbat in Pakistan, si unisce ad un altro fiume, il Gilgit. Insieme hanno eroso il canyon più profondo del mondo.

- **Il fiume nasce** così in alto tra le montagne e scende così velocemente che l'acqua turbinosa è un potente mezzo di erosione. Essa porta con sé le particelle erose, che a loro volta erodono altra roccia.

- **Il Nanga Parbat,** 15 km a sud del fiume, è la nona montagna più alta del mondo, con i suoi 8126 metri di altitudine.

- **La montagna più vicina** in direzione nord è il Rakaposhi, alta 7788 m.

- **Gli esperti hanno effettuato diverse serie di misurazioni,** ma le altezze di queste due montagne significano che la gola dell'Indo tra loro può essere considerata profonda 7120 metri.

Montagne e canyon

- **Altre stime** della profondità vanno da 4500-5200 m.

- **La larghezza della gola** è compresa tra i 19 e i 26 km.

- **Gli affluenti** dei fiumi sono alimentati da acqua di fusione della neve e ghiacciai sulle vette dell'Himalaya.

- **Il materiale erosivo** è trasportato dal fiume dalla gola dell'Indo fino al mare, nel suo delta a Karachi, Pakistan.

- **Qui, il materiale** si è insediato sotto il mare costituendo il ventaglio deposizionale dell'Indo nel Mar Arabico - il secondo corpo sedimentario più grande della Terra.

◀ *Dove il fiume Zanskar si unisce all'Indo, vicino a Ladakh, in India, il canyon ha pareti ripide con scogliere quasi a picco che superano i 500 m di altezza.*

Altri canyon e gole

- **Il Fish River Canyon,** in Namibia, con i suoi 160 km di lunghezza, 27 km di larghezza e 550 m di profondità, è generalmente considerato il secondo canyon più grande del mondo in termini di dimensioni.

- **La gola di Kali Gandaki** in Nepal, profonda 6520 m, è considerata come la seconda gola più profonda del mondo.

- **La gola dello Yarlung Tsangpo,** sempre in Nepal, è lunga 504 km con una profondità media di 5571 m, ma chiaramente non è una gola ininterrotta.

- **Un'altra gola in Nepal,** la Kali Gandaki (o Andha Galchi), è ritenuta da alcuni la più profonda. Forma un passo tra le cime del Dhaulagiri, 8167 m, e dell'Annapurna, 8091 m.

- **Il Copper Canyon** - così chiamato per le sue pareti color verderame - nel Chihuahuahua, in Messico, è più profondo e più lungo del Grand Canyon, ma è formato da sei canyon separati con sei diversi fiumi.

Montagne e canyon

◀ *Il tratto delle Tre Gole del fiume Yangtze in Cina è sia una destinazione turistica mondiale con navi da crociera sia una trafficata via d'acqua commerciale per chiatte.*

- **Nel 2013** è stato scoperto dal radar un canyon sotto la calotta di ghiaccio della Groenlandia. Con i suoi 750 km di lunghezza, 800 m di profondità e 10 km di larghezza, potrebbe tecnicamente essere il canyon più grande del mondo.

- **Il Provo Canyon** nello Utah, USA, è una gigantesca spaccatura tra due cime delle Montagne Rocciose.

- **La strada che dalla Moldavia** porta alla Transilvania passa lungo il Bicaz Canyon, nel nord della Romania. È lunga 8 km e si snoda tra uno strapiombo da un lato e rocce verticali dall'altro, ed è una delle più spettacolari - e spaventose - strade carrozzabili del mondo.

- **Il fiume Yangtze** in Cina scorre verso est attraverso le Tre Gole per 120 km. Il fiume è stato arginato nel 2006 producendo un bacino idrico lungo 600 km.

Grandi fiumi e laghi

I fiumi attraverso le ere

- **I fiumi che oggi sono relativamente corti** e piccoli possono in realtà essere molto più vecchi di quelli più grandi e più lunghi.

- **Il fiume Mosa** che attraversa Francia, Belgio e Paesi Bassi è lungo circa 920 km, ma probabilmente scorre da più di 360 milioni di anni.

- **Il fiume Finke,** nell'Australia centro-settentrionale, scorre a intermittenza da oltre 320 milioni di anni. Il Finke raggiunge i 700 km di lunghezza, ma nei periodi di siccità si accorcia perché alcune parti del suo letto si seccano.

- **La misura della lunghezza dei fiumi** varia a seconda di quello che viene definito come punto di origine del fiume. Così alcuni sostengono che il Nilo, in Africa, sia il fiume più lungo del mondo, altri credono che lo sia il Rio delle Amazzoni in Sud America.

- **Sono state scoperte diverse fonti** del Rio delle Amazzoni, la più recente nel 2008, che l'hanno reso sempre più lungo.

- **L'affluente più lungo del mondo** è il fiume Madeira, che sfocia nel Rio delle Amazzoni. Con i suoi 3380 km, è il diciottesimo fiume più lungo del mondo.

- **L'estuario più lungo del mondo** è quello dell'Ob in Russia, largo fino a 80 km e lungo 885 km.

- **L'Ob** è il fiume più grande che ghiaccia in inverno.

- **Uno dei fiumi ufficiali più corti** è il North Fork Roe River nel Montana, USA, lungo appena 17,7 metri.

- **Il Kani Bil** in Iran, che nasce da una sorgente, scorre per soli 15 m.

Grandi fiumi e laghi

◀ *A Novosibirsk, nella Russia centrale, l'Ob congelato è utile anche in inverno. Ospita piste di pattinaggio e fiere del ghiaccio, e la gente pesca attraverso buche profonde 2-3 m nell'acqua sottostante.*

Rio delle Amazzoni

- **Il Rio delle Amazzoni** scorre verso est attraverso il Sud America, dal Perù attraverso la Colombia e il Brasile fino all'Atlantico, con affluenti in Ecuador, Venezuela e Bolivia.

- **Con una lunghezza concordata** di 6437 km è il secondo fiume più lungo del mondo. La sua sorgente non è lontana dall'Oceano Pacifico.

- **Si getta nell'Oceano Atlantico** vicino alla città di Macapá in Brasile, dove l'estuario è largo 325 km.

- **Trasporta in mare più acqua** di qualsiasi altro fiume al mondo, con una media di circa 209.000 m cubi al secondo.

- **Questo enorme volume d'acqua** è maggiore di tutta l'acqua trasportata dai sette fiumi più grandi del mondo, sommati insieme.

- **Circa il 20 per cento** di tutta l'acqua dolce del mondo che entra nel mare proviene dall'Amazzonia, e si mescola con acqua salata fino a 400 km dalla riva.

Grandi fiumi e laghi

- **L'area del Sud America** drenata dal Rio delle Amazzoni e da tutti i suoi affluenti è di 7.000.000.000 km quadrati - circa il 40% del continente.

- **La sorgente del Rio delle Amazzoni** è il Monte Nevado Misimi, sulle Ande, a circa 5170 m sul livello del mare.

- **Di solito è largo tra** 1,6 e 10 km, ma durante la stagione umida il Rio delle Amazzoni raggiunge i 50 km di larghezza e aumenta la sua profondità di 9 m.

- **Gran parte del bacino idrografico** del Rio delle Amazzoni è foresta pluviale, che copre 5.400.000 km^3. Più di un terzo di tutte le specie animali conosciute sulla Terra vivono lì.

◀ *Il Rio delle Amazzoni trasporta più acqua di ogni altro fiume e si snoda per migliaia di chilometri attraverso una fitta foresta pluviale.*

Nilo

- **Il fiume Nilo scorre** verso nord attraverso il deserto nella parte nord orientale dell'Africa.

- **Con i suoi 6650 km circa,** il Nilo è generalmente considerato il fiume più lungo del mondo.

- **Il Nilo e i suoi affluenti** attraversano 11 paesi: Tanzania, Uganda, Ruanda, Burundi, Repubblica Democratica del Congo, Kenya, Etiopia, Eritrea, Sudan meridionale, Sudan ed Egitto.

- **Il bacino del Nilo** drena un'area di 3.250.000 km^3, che rappresenta circa il 10% del continente africano.

- **Il Nilo Bianco** e il Nilo Azzurro sono i due principali affluenti, e si uniscono a Khartoum, la capitale del Sudan.

- **Non è ancora chiaro dove si trovi esattamente** la sorgente del Nilo Bianco, così come la lunghezza esatta del fiume. Si trova vicino ai grandi laghi dell'Africa centrale, in Burundi o in Ruanda.

Grandi laghi e fiumi

- **A partire dal lago Tana** in Etiopia, il Nilo Azzurro trasporta la maggior parte dell'acqua e dei sedimenti che fertilizzano il deserto più a valle.

- **Il Nilo si riversa** nel Mar Mediterraneo in uno dei più grandi delta del mondo, un triangolo di limo largo 240 km e lungo 160 km.

- **L'antica civiltà egizia** ha prosperato perché il Nilo esondava ogni anno creando terreno fertile ricco, e scuro in modo che gli agricoltori potessero coltivare nel deserto su entrambi i lati del fiume.

- **Negli anni '60** del 1900 fu costruita una diga attraverso il fiume ad Assuan, dando origine ad uno dei più grandi laghi artificiali del mondo, il lago Nasser.

- **La diga ha interrotto** le inondazioni annuali, ma ha permesso di controllare l'irrigazione dei terreni agricoli lungo il fiume in Egitto. Tuttavia, il delta del Nilo è minacciato dall'innalzamento del livello del mare, uno degli effetti del riscaldamento globale.

◀ *L'acqua del Nilo (all'estrema sinistra) viene presa da tubi e fossati per irrigare le colture e i pascoli lungo le rive. Nel punto in cui l'irrigazione si ferma, inizia il deserto.*

Mississippi

- **L'intero sistema del Mississippi** ha il quarto bacino idrografico più grande del mondo, che copre il 40% degli Stati Uniti; ha affluenti in Canada e 31 Stati Uniti.

▼ La città di New Orleans, dove vive più di un milione di persone, ospita enormi navi che trasportano carichi tra il Mississippi e il Golfo del Messico.

Grandi fiumi e laghi

- **Nasce dal lago Itasca,** in Minnesota, e scorre verso sud attraverso gli Stati Uniti fino al Golfo del Messico vicino a New Orleans.

- **Il Mississippi è lungo 3766 km.** Una goccia d'acqua impiega circa 90 giorni per arrivare dalla sorgente al mare.

- **Il fiume scorre attraverso** o lungo i confini di Minnesota, Wisconsin, Iowa, Missouri, Kentucky, Tennessee, Arkansas, Mississippi e Louisiana.

- **A causa del limo** che il fiume ha trasportato dalle Montagne Rocciose, la valle del fiume Mississippi è probabilmente la zona più fertile del Nord America.

- **Lungo il corso del fiume ci sono 72 dighe,** che forniscono elettricità, aiutano la navigazione e a controllare le inondazioni.

- **Il fiume varia** in larghezza da 6-9 m nel punto in cui lascia il lago Itasca, fino a 18 km presso il lago Winnibigoshish, in Minnesota.

- **A St Louis,** il Mississippi è raggiunto dal fiume Missouri. Insieme costituiscono il quarto sistema fluviale più lungo del mondo, con i suoi 5970 km.

- **La velocità superficiale** del fiume passa da 1,9 km/h vicino alla sorgente a 4,8 km/h a New Orleans.

- **Il Mississippi** trasporta tra i 7000 e i 20.000 m cubi d'acqua al secondo verso il mare.

LO SAPEVI?

La foce del Mississippi ha uno dei più grandi delta fluviali del mondo, con oltre 12.000 km³ di estensione.

Congo

- **Il Congo, che un tempo veniva chiamato Zaire,** drena un'area di 4.000.000.000 di km³ in dieci paesi dell'Africa orientale.

- **È il nono fiume più lungo** del mondo, ma con i suoi 220 m in alcuni punti, è il più profondo.

- **Il Congo trasporta** in mare la seconda maggiore quantità d'acqua, in media 41.000 m cubi al secondo.

- **Solo la foresta pluviale amazzonica** è più grande della foresta pluviale del Congo, che cresce lungo le rive del fiume e dei suoi affluenti.

- **Il bacino fluviale** del Congo si trova a cavallo dell'Equatore, quindi c'è sempre una stagione delle piogge da qualche parte lungo il suo corso per mantenerne l'acqua.

- **La sorgente del fiume,** che è il suo affluente più lungo, è il fiume Chambeshi in Zambia.

- **La serie di cascate e rapide di Livingstone** nella Repubblica Democratica del Congo hanno la portata maggiore al mondo.

- **Questo potente fiume** fornisce elettricità tramite circa 40 dighe. Le dighe gemelle di Inga Falls, parte delle cascate di Livingstone vicino a Kinshasa, sono le più grandi.

- **Uno degli affluenti,** il fiume Lualaba, scorre dai laghi Tanganica e Mweru, per quasi tutto il continente vicino alla East African Rift Valley.

- **La maggior parte del fiume** è navigabile tra le cascate e trasporta gran parte della produzione regionale di rame, olio di palma, zucchero, cotone e caffè per il commercio.

230

Grandi fiumi e laghi

▼ *Dopo le sette cataratte (rapide) delle cascate Boyoma, che coprono un totale di 100 km, il fiume Lualaba si unisce al Congo. Qui un pescatore getta la sua rete nelle rapide.*

231

Yangtse

▲ *Il fiume Yangtse è il terzo fiume più lungo del mondo e scorre verso est per oltre 6000 km dall'altopiano tibetano al Mar Cinese Orientale.*

- **Il fiume Yangtse in Cina** è conosciuto come Chang Jiang, che significa "fiume lungo".
- **Con i suoi 6300 km di lunghezza stabiliti,** è il fiume più lungo dell'Asia e il terzo più lungo del mondo.

Grandi fiumi e laghi

- **Nasce come acqua di fusione** che scorre dai ghiacciai sulle cime dei Monti Tanggula, sull'altopiano del Qinghai Tibet, e fluisce verso est attraverso la Cina fino a Shanghai.

- **Un terzo della popolazione cinese**, quasi mezzo miliardo di persone, vive lungo le sue rive.

- **Lo Yangtse drena** un quinto della Cina, un'area di circa 3200 per 1000 km.

- **Trasporta in media** 30.000 m cubi di acqua nel Mar Cinese Orientale, che lo rende il fiume più grande per portata in Cina e il settimo più grande del mondo.

- **Fino al 1957 l'unico mezzo per attraversare il fiume** tra Yibin e Shanghai era il traghetto, poi venne costruito il primo ponte a Wuhan.

- **Il fiume è stato arginato** dal progetto della diga delle Tre Gole vicino a Yichang, per produrre elettricità, aiutare la navigazione e controllare le inondazioni.

- **La costruzione della diga è iniziata nel 1994** e terminata nel 2009. Ha innalzato il livello del fiume che attraversa le gole dello Yangtze a 175 m sul livello del mare.

- **Più di un milione di persone** hanno dovuto cambiare casa man mano che l'acqua aumentava nel serbatoio e 1300 siti storici sono stati inondati.

Gange

- **Il Gange** nasce sull'Himalaya e scorre per 2525 km a est e a sud attraverso l'India e il Bangladesh.

- **Il fiume è alimentato** da acque di fusione della neve sulle montagne himalayane come Nanda, Devi, Trisul e Kamet.

- **Gran parte dell'acqua** del fiume proviene dai monsoni estivi quando cade l'84% del totale delle precipitazioni annuali.

- **Il Gange si unisce** all'altro grande fiume asiatico, il Brahmaputra, nel suo delta a Dacca in Bangladesh. Insieme formano un complicato sistema di canali che si spostano verso il mare.

- **Insieme al fiume Meghna** trasportano quasi 38.000 m cubi di acqua al secondo fino al Golfo del Bengala nell'Oceano Indiano, rendendolo il terzo sistema fluviale in termini di portata più grande del mondo.

Grandi fiumi e laghi

- **Il Gange è sacro** per gli induisti che lo adorano come dea Ganga.

- **Nel 2007** il Gange ha ottenuto il titolo poco invidiabile di quinto fiume più inquinato del mondo. Un piano per ripulirlo, il Ganga Action Plan, ha avuto finora un effetto limitato.

- **Il fiume viene utilizzato per rimuovere** sia le acque reflue non trattate che i cadaveri dalle città lungo le sue rive.

- **Nonostante ciò,** gli indù credono che l'acqua del fiume Gange purifichi i loro corpi e le loro anime, e molti vi fanno il bagno ogni giorno.

- **Il Gange è stato utilizzato** per l'irrigazione per migliaia di anni, invece finora, è stato sfruttato solo il 12% circa del suo potenziale di produzione di energia elettrica.

▼ Lungo il Gange si svolgono molte cerimonie e feste frequentatissime. Il pellegrinaggio indù di massa di Kumbh Mela nel 2013 ha attirato oltre 75 milioni di persone.

Enisej

- **Con i suoi 5540 km,** il fiume Enisej è il quinto fiume più lungo del mondo.

- **Esso scorre dalla Mongolia** a nord attraverso la Russia fino al Golfo dello Enisej nel Mare di Kara, ai margini del Mar Glaciale Artico.

- **Il fiume nasce a 3350 m** sul livello del mare sui monti Hangayn della Mongolia e scorre verso nord.

- **Drena un'area** di 2.600.000 km^3, il settimo bacino idrografico più grande del mondo.

- **Dallo Enisej fluisce una media di 20.000** m cubi di acqua al secondo, rendendolo il più grande fiume che sfocia nel Mar Glaciale Artico.

- **Le dighe idroelettriche** lungo il suo turbolento corso superiore forniscono gran parte dell'energia per l'industria russa.

- **Il fiume in inverno è ghiacciato.** In primavera l'acqua a monte, che si trova più a sud ed è quindi più calda, si scioglie e inonda il corso inferiore ancora ghiacciato.

- **Quando non è congelato,** il fiume viene utilizzato per il trasporto di legno, grano e materiali da costruzione.

- **Lo Enisej ha** un grave problema di inquinamento e scarica nel Mar Glaciale Artico pesticidi, erbicidi, metalli pesanti e scorie radioattive.

- **Il fiume è stato seguito** per la prima volta da un gruppo di persone lungo il suo intero corso nel 2001.

- **Si pensa** che il popolo nordamericano originario potrebbe provenire dalla zona dello Enisej attraverso lo stretto di Bering circa 15.000 anni fa.

Grandi fiumi e laghi

▼ *Il corso superiore dello Enisej passa attraverso i boschi dell'Asia centrale che allaga in primavera.*

Come si formano i laghi

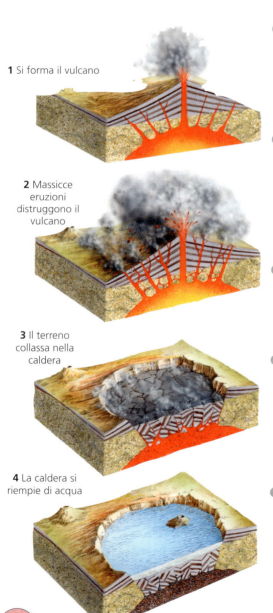

1 Si forma il vulcano

2 Massicce eruzioni distruggono il vulcano

3 Il terreno collassa nella caldera

4 La caldera si riempie di acqua

- **Un lago è una grande depressione** su un terreno che di solito è riempito con acqua dolce che non scorre, o scorre molto lentamente.

- **Quando l'attività tettonica** solleva una catena montuosa, l'acqua dei fiumi può inondare i bacini lasciati tra le cime. Il Lago Vittoria in Africa ne è un esempio.

- **Talvolta l'acqua si raccoglie** in zone di rift dove due placche tettoniche si separano, come nel lago Baikal in Russia.

- **Man mano che i ghiacciai scorrono** verso il mare raschiano le depressioni nella terra che si riempiono di acqua di fusione; i Grandi Laghi nordamericani si sono formati in questo modo.

- **Se un lago non ha alcun flusso in entrata** o uscita, l'acqua evapora fino a quando il lago diventa troppo salato perché si sviluppi la vita. Un esempio è il Mar Morto.

◀ *Un lago di caldera si forma nel gigantesco buco che si crea quando la terra crolla nella camera magmatica vuota di un vulcano.*

Grandi fiumi e laghi

- **Un'ansa** si forma quando un fiume tortuoso prende un nuovo corso, lasciando dietro di sé un lago isolato a forma di mezzaluna.

- **I crateri o caldere** di vulcani inattivi si riempiono velocemente di acqua piovana, come nel Crater Lake, in Oregon, USA.

- **Le rocce solubili,** come il calcare, possono crollare e lasciare un lago di dolina, come il lago Jackson in Florida, USA.

- **Talvolta in luoghi freddi e montuosi,** il ghiaccio e la neve possono creare e sbarrare un fiume, che poi forma un lago proglaciale dietro il blocco. Russell Fjord in Alaska ne è un esempio.

- **Esistono in tutto il mondo molti laghi o bacini artificiali** dove i fiumi sono stati sbarrati con delle dighe per produrre energia idroelettrica.

- **Il lago Kariba** sul fiume Zambesi, nell'Africa centro-meridionale, è il più grande di questi laghi artificiali sbarrati da dighe. È lungo 225 km e largo 35 km, con una superficie di 5600 km^3.

▼ Questo fiume nel sud-ovest della Spagna potrebbe a breve rompere il collo del suo meandro, creando una lanca.

Grandi Laghi del Nord America

- **I cinque Grandi Laghi** sono situati nel nord-est del Nord America, al confine tra Stati Uniti e Canada.

- **Da ovest a est** sono il Lago Superiore, il Lago Michigan, il Lago Huron, il Lago Erie e il Lago Ontario, e sono collegati al mare dalla via marittima del San Lorenzo.

- **Sono il più grande gruppo** di laghi d'acqua dolce del mondo.

- **Insieme contengono** 22.671 km di acqua, che è circa un quinto di tutta l'acqua dolce sulla superficie terrestre.

▼ *I Grandi Laghi del Nord America contengono il 21% dell'acqua dolce terrestre.*

1	Lago superiore
2	Lago Michigan
3	Stretti di Mackinac
4	Lago Huron
5	Georgian Bay del Lago Huron
6	Lago Erie
7	Lago Ontario
8	Via marittima del San Lorenzo

Grandi fiumi e laghi

▼ Ripresa aerea della sezione canadese delle Cascate del Niagara, note anche come Horseshoe Falls, con neve ancora presente all'inizio della primavera. Il fiume Niagara è lo sbocco naturale dal lago Erie al lago Ontario.

- **La loro superficie totale** è di 245.000 km^3, circa la stessa superficie di tutto il Regno Unito.

- **Se tutta l'acqua dei laghi** fluisse uniformemente sul Nord America, coprirebbe la terra creando un enorme specchio d'acqua profondo 1,5 metri.

- **La superficie del Lago Superiore** è di 82.000 km^3, il più grande lago per estensione al mondo. Raggiunge i 407 m di profondità.

- **Nei Grandi Laghi ci sono 35.000 isole** e diverse migliaia di laghi più piccoli si trovano nell'area circostante.

- **I laghi e le loro isole** hanno circa 17.000 km di costa, anche se è difficile misurarla con precisione.

- **I Grandi Laghi si sono formati** solo circa 10.000 anni fa, quando i ghiacciai in movimento hanno scavato grandi cavità nelle rocce alla fine dell'ultima era glaciale.

Lago Baikal

- **Situato nella Siberia meridionale,** in Russia, il lago Baikal è il settimo lago più grande del mondo per superficie, con i suoi 31.700 km^3.

- **È il lago più profondo del mondo** con un massimo di 1640 m. Contiene quindi 23.600 km^3, ovvero il 20% dell'acqua dolce terrestre che non è permanentemente congelata.

- **Il Baikal, con la sua forma a mezzaluna,** è largo 48 km e lungo 636 km ed è circondato su tutti i lati da montagne.

- **Il fondo del lago** è ricoperto di sedimenti fino a 7 km di profondità.

- **Il lago Baikal** è uno dei laghi più antichi del mondo. Si è formato 25 milioni di anni fa in quella che allora era la più profonda valle di rift continentale del mondo.

- **La valle di rift** si allarga ancora di circa 2 cm all'anno e nella zona ci sono sorgenti calde e frequenti terremoti

- **Il lago è alimentato** da circa 300 fiumi e sfocia nel fiume Angara, un affluente del fiume Enisej.

- **Gran parte della superficie del Baikal** congela ogni anno in gennaio e si scioglie in maggio o giugno. L'acqua è cristallina e i livelli di inquinamento sono molto bassi.

- **Il Baikal è patrimonio mondiale dell'UNESCO.** Più di 1000 specie di piante e animali che vivono nel lago non si trovano in nessun'altra parte del mondo, compresa l'unica foca totalmente d'acqua dolce, la foca Baikal.

▶ Le foche Baikal, con circa 90.000 esemplari, sono tra le più piccole di tutte le foche, con una lunghezza di soli 1,3 m e un peso di 65 kg.

Grandi fiumi e laghi

LO SAPEVI?
Il Baikal è così profondo che il suo fondale si trova a 1185 m sotto il livello del mare.

Lago Vittoria

- **Il Lago Vittoria** fa parte del sistema dei Grandi Laghi Africani, situato al di là dei confini dell'Uganda, del Kenya e della Tanzania.

- **Deve il suo nome alla regina Vittoria,** un nome scelto dall'esploratore inglese John Hanning Speke (1827-1864) quando vide il lago nel 1858 mentre cercava la leggendaria sorgente del Nilo Bianco.

▼ Più di 200.000 persone pescano nel lago Vittoria, alcuni come turisti in visita per alcuni giorni, altri che gettano le reti quasi ogni giorno per il loro sostentamento.

Grandi fiumi e laghi

- **Con una superficie** di 68.800 km^3, è il lago più grande dell'Africa e il secondo più grande del mondo.

- **È poco profondo** e contiene solo circa 2750 km di acqua, quindi è solo il nono lago più grande del mondo in termini di volume.

- **Migliaia di piccoli ruscelli** scorrono nel lago dal suo bacino idrografico, ma l'80% dell'acqua che contiene proviene dalle precipitazioni.

- **Il fiume principale** che sfocia nel lago è il fiume Kagera e l'unico fiume che esce dal lago è il fiume Nilo.

- **Il bacino idrografico** copre 239.000 km quadrati attraverso la Tanzania, l'Uganda e il Kenya.

- **Il litorale misura** 4840 km e comprende le coste di 84 isole.

- **Il lago si è formato** 400.000 anni fa e da allora si è prosciugato e riempito almeno tre volte.

- **Il lago ha un grave problema** con il giacinto d'acqua, una pianta invasiva che forma impenetrabili tappeti galleggianti di vegetazione.

- **L'introduzione** del grande pesce persico del Nilo ha causato l'estinzione di centinaia di specie uniche che vivevano soltanto nel lago Vittoria.

LO SAPEVI?
Il lago Vittoria è di gran lunga il lago più basso in rapporto alle sue dimensioni, con una profondità massima di soli 80 m.

Lago Tanganica

- **Il lago Tanganica,** uno dei Grandi Laghi africani, contiene 18.900 km di acqua dolce, il che lo rende secondo solo al lago Baikal in termini di volume.

- **È profondo fino a 1470 m,** di nuovo secondo solo al lago Baikal in termini di profondità.

- **A causa della grande profondità** la circolazione dell'acqua è scarsa e l'acqua vicino al fondo è acqua "fossile", poiché vi è rimasta per lo più indisturbata per migliaia di anni.

- **l lago confina** con la Tanzania, la Repubblica Democratica del Congo, il Burundi e lo Zambia.

- **L'emissario principale** è il fiume Lukunga, che sfocia nel fiume Congo e si dirige verso ovest per entrare nell'Oceano Atlantico a Muanda, nella Repubblica Democratica del Congo.

- **Il lago Tanganica è a forma di mezzaluna,** lungo 675 km da nord a sud e largo in media 50 km.

- **Riempie parte della Great Rift Valley,** dove la placca tettonica africana si divide a una velocità di circa 5 mm all'anno, per formare due nuove placche, la placca somala e la placca nubiana.

- **Il bacino idrografico del lago** si estende per 231.000 km^3 e comprende colline e altipiani, pianure, boschi sparsi e fitte foreste.

- **I primi europei** a visitare il lago furono gli esploratori inglesi Richard Francis Burton e John Hanning Speke nel 1858, alla ricerca della sorgente del Nilo Bianco.

▶ Un'immagine satellitare del lago Tanganica. Circa 100.000 persone lavorano nel settore della pesca sul lago. Circa un milione di persone mangiano questi pesci e dieci milioni di persone dipendono dal lago e dal suo bacino per il loro sostentamento.

Grandi fiumi e laghi

Grande Lago degli Orsi

- **Il Grande Lago degli Orsi** si trova sul Circolo Polare Artico, nello stato settentrionale dei Territori del Nord-Ovest del Canada.

- **La superficie**, coperta di ghiaccio da novembre a luglio, è di 31.150 km^3.

- **È il lago più grande** del Canada per superficie, senza contare i Grandi Laghi, che sono in parte sul territorio degli Stati Uniti.

- **È anche il terzo lago più grande** del Nord America per superficie e l'ottavo più grande del mondo.

- **La profondità media** del Grande Lago degli Orsi è di soli 70 m, anche se il punto più profondo, a 420 m, è considerevole per un lago di acqua dolce.

- **Il volume d'acqua** del lago è di 2240 km^3. Ci vogliono circa 130 anni perché l'acqua del lago si sposti attraverso di esso; questo intervallo è chiamato "tempo di residenza".

- **Il litorale misura** 2720 km, comprese le numerose piccole isole.

- **Solo circa 500 persone** vivono tutto l'anno intorno al Grande Lago degli Orsi.

- **Il bacino idrografico** è di 114.700 km^3, e fa parte di quello del fiume Mackenzie.

- **Il nome del lago** deriva dal popolo nativo americano che un tempo viveva nelle vicinanze, chiamato Chipewyan, che significa "gente dei grizzly".

- **Gli insediamenti sulla costa orientale,** chiamati Port Radium, sono stati istituiti negli anni '30 per estrarre la pechblenda, un minerale radioattivo, fonte naturale di uranio, utilizzato per la costruzione delle bombe atomiche. Chiusero dopo pochi anni.

Grandi laghi e fiumi

▼ *Port Radium, ora praticamente una città fantasma, aveva una propria pista di atterraggio, mostrata qui, e un porto per traghetti durante il boom dell'estrazione dell'uranio del Grande Lago degli Orsi degli anni Trenta.*

LO SAPEVI?
Nel 1995 nel lago è stata pescata una trota del peso di 32,8 kg, la più grande trota pescata con la canna del mondo.

Lago Vostok

- **Ci sono circa 400 laghi** sotto la calotta glaciale dell'Antartide, che nessuno ha mai visto. Il lago di Vostok è il più grande, infatti è uno dei laghi più grandi del mondo.

- **Ci sono 4000 m di ghiaccio** sopra la superficie del lago, che a sua volta si trova 500 m sotto il livello del mare.

- **Il lago è lungo circa 250 km**, largo fino a 50 km, e contiene circa 5400 km cubi di acqua.

- **La profondità media** è di 432 m e il punto più profondo è di 900 m.

- **Gli scienziati russi** hanno trovato il lago di Vostok utilizzando sonde sismiche. Insieme agli scienziati britannici, hanno confermato la sua esistenza nel 1993.

- **Tutti i laghi dell'Antartide** potrebbero essere collegati da fiumi che scorrono sotto il ghiaccio.

- **Il tempo di "residenza"** di una goccia d'acqua nel lago Vostok è straordinariamente lunga, ben 13.300 anni.

- **Sul fondo del lago si trova uno strato di sedimenti** di 70 m di spessore. Questo può contenere indizi sul clima del passato e tracce di esseri viventi che esistevano prima che il ghiaccio si formasse 400.000 anni fa.

- **L'antica** e indisturbata acqua "fossile" del lago è stata probabilmente tagliata fuori dall'atmosfera per 15-25 milioni di anni grazie al ghiaccio, e può contenere forme di vita sconosciute.

- **Nel 2012** è stato perforato il ghiaccio sopra il lago ed è stata estratta la carota di ghiaccio più lunga mai estratta, di ben 3768 m, per lo studio della storia del clima.

Grandi fiumi e laghi

- **Probabilmente la temperatura** dell'acqua del lago è di circa -3 °C ma rimane liquida a causa dell'enorme pressione esercitata dal peso del ghiaccio che la sovrasta.

▶ Questo spaccato mostra il lago Vostok in profondità sotto la calotta di ghiaccio dell'Antartide e come sono state perforate le carote di ghiaccio dal suo strato superiore ghiacciato. Il lago di Vostok, con la vicina stazione di Vostok per la ricerca scientifica, si trova a circa 1200 km dal Polo Sud.

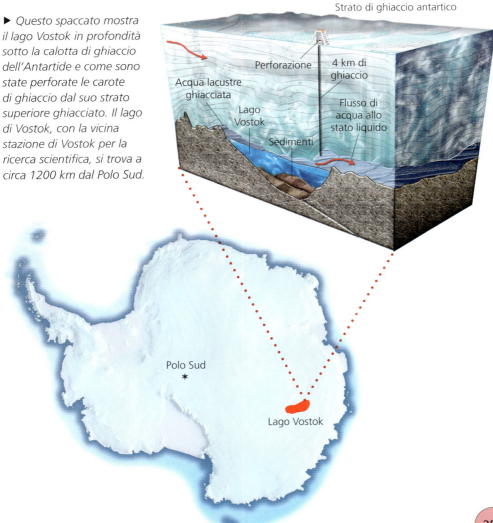

Atmosfera e meteo

Atmosfera

- **L'atmosfera è una coltre** di gas che si estende fino a 10.000 km sopra la Terra. Può essere divisa in cinque strati: troposfera (lo strato più basso), stratosfera, mesosfera, termosfera ed esosfera.

- **L'atmosfera è composta da:** 78% di azoto, 21% di ossigeno, 1% di argon e anidride carbonica, con piccole tracce di neon, cripton, xeno, elio, protossido di azoto, metano e monossido di carbonio. Contiene anche una quantità variabile di vapore acqueo.

- **È stata creata** dai fumi sgorgati dai vulcani che ricoprivano la Terra 4000 milioni di anni fa. Ma l'atmosfera è cambiata quando le rocce e l'acqua di mare hanno assorbito anidride carbonica, e poi i batteri unicellulari e le alghe del mare hanno aumentato i livelli di ossigeno nel corso di milioni di anni.

- **La troposfera** è spessa appena 0-20 km eppure contiene il 75% del peso dei gas presenti nell'atmosfera.

- **Le temperature nella troposfera** si abbassano con l'altezza da una media di 18 °C a circa -60 °C nella parte superiore detta tropopausa.

- **La stratosfera** contiene poco vapore acqueo. A differenza della troposfera, che viene riscaldata dal basso, la stratosfera viene riscaldata dall'alto, poiché le molecole di ozono in essa contenute sono riscaldate dalla luce ultravioletta (UV) del Sole. Le temperature salgono con l'altezza da -60 °C in basso a 10 °C in alto, a circa 50 km.

- **La stratosfera** è solitamente limpida e calma, motivo per cui gli aerei di linea volano in questo strato.

Atmosfera e meteo

▶ L'atmosfera è un mare di gas incolore, insapore e inodore, mescolato con umidità e polveri sottili. È spessa circa 10.000 km, ma non ha un bordo distinto, svanisce semplicemente nello spazio. Man mano che ci si sposta verso l'alto, ogni strato contiene sempre meno gas. Gli strati superiori sono molto rarefatti, il che significa che il gas è rado.

- **La mesosfera** contiene pochi gas ma è abbastanza densa per rallentare i meteoriti. Essi bruciano mentre vi precipitano dentro, lasciando tracce di fuoco nel cielo notturno. Le temperature scendono da 10 °C a -120 °C salendo di circa 80 km.

- **Nella termosfera** le temperature sono alte, ma c'è così poco gas che il calore è minimo. Le temperature salgono da -120 °C a 2000 °C in circa 700 km.

- **L'esosfera** è il livello più alto dell'atmosfera, quello in cui svanisce nel nulla dello spazio.

Esosfera 700-10.000 km

Termosfera 80-700 km

Sopra i poli compaiono scintillanti tende di luce chiamate aurore. Sono causate dall'impatto delle particelle del Sole sui gas dell'alta atmosfera.

L'atmosfera ci protegge dai meteoriti e dalle radiazioni spaziali

La stratosfera contiene lo strato di ozono, che ci protegge dai raggi UV del Sole.

Gli aerei salgono nella stratosfera per trovare aria calma

Mesosfera 50-80 km

Stratosfera 12-50 km

La troposfera è lo strato più vicino alla superficie terrestre.

Troposfera 0-12 km

255

Aurore boreali

▲ L'aurora boreale mostra scie di luce scintillanti, tremolanti e ondulanti che svaniscono e si illuminano nelle ore di buio.

Atmosfera e meteo

- **L'incredibile spettacolo di luci** nei cieli notturni settentrionali è chiamato *Aurora Borealis* o aurora boreale. Nell'emisfero australe un simile spettacolo di luci si chiama *Aurora Australis* o aurora australe.

- **Queste luci a tenda,** di solito verdi, a volte tinteggiate di rosso, si verificano nell'Artide e nell'Antartide vicino ai poli Nord e Sud.

- **Le luci sono causate** da atomi e molecole caricate elettricamente nell'alta atmosfera che si scontrano con particelle simili nel vento solare prodotto dal Sole.

- **Le particelle subatomiche del vento solare** sono attratte ai poli dal campo magnetico terrestre. Quando si scontrano con gli atomi o molecole cariche, è rilasciata energia sotto forma di fotoni cioè pacchetti di energia luminosa.

- **L'ossigeno è una delle molecole** coinvolte ed emette luce verde o arancione; l'azoto invece emette luce blu o rossa.

- **Le aurore sono più spettacolari** durante i mesi degli equinozi in primavera e in autunno, quando i periodi di luce durano quanto quelli di buio.

- **Quando il Sole** si trova nella fase di macchie solari all'interno del suo ciclo di 11 anni, le aurore sono ancora più spettacolari, e si possono osservare su un'area più ampia.

- **Una delle aurore più spettacolari** mai registrate avvenne nel settembre del 1859, quando gli abitanti di Boston, Stati Uniti, hanno riferito di poter leggere un giornale all'una di notte tanto la luce era potente.

- **Questo evento** disturbò anche le migliaia di chilometri di cavi telegrafici posati da poco.

Luce solare

- **Metà della Terra** è sempre esposta al Sole. Le radiazioni del Sole sono la principale fonte di energia della Terra, e forniscono enormi quantità di calore e luce.

- **"Solare"** significa tutto ciò che ha a che fare con il Sole.

- **Circa il 41%** delle radiazioni solari è luce; il 51% sono radiazioni a onde lunghe invisibili all'uomo, come la luce infrarossa (IR), cioè il calore. L'altro 8% sono radiazioni a onde corte, come i raggi ultravioletti (UV).

- **Solo il 47%** delle radiazioni solari che colpiscono la Terra raggiungono effettivamente il suolo. Il resto viene assorbito o riflesso dall'atmosfera.

▶ *La neve riflette buona parte del calore del sole, così il terreno sottostante rimane freddo.*

Atmosfera e meteo

- **L'irraggiamento solare** che raggiunge il suolo si chiama insolazione.

- **L'aria non viene molto riscaldata** direttamente dal Sole, ma dal calore riflesso dal suolo.

- **La quantità di calore** che raggiunge il suolo dipende dall'angolo dei raggi solari. Più basso è il Sole nel cielo, più i suoi raggi si diffondono e quindi emettono meno calore.

- **L'insolazione è massima** ai tropici e durante l'estate ed è minima ai poli e in inverno.

- **Alcune superfici** riflettono il calore del Sole e riscaldano l'aria meglio di altre. La percentuale che riflettono è chiamata albedo.

- **Neve e ghiaccio** hanno un albedo dell'85-95% e quindi rimangono congelati anche quando riscaldano l'aria.

- **Le foreste hanno un albedo** del 12%, quindi assorbono molto del calore del Sole.

Umidità dell'aria

- **Fino a 10 km dal suolo,** l'aria è sempre umida perché contiene un gas invisibile chiamato vapore acqueo.

- **In media,** l'aria è per circa l'uno per cento vapore acqueo, ma la quantità varia notevolmente.

- **Il vapore acqueo entra** nell'aria quando evapora da oceani, fiumi e laghi.

- **Viene anche emanato dalle piante,** specialmente da foglie ed erba, e dall'aria espirata dagli animali.

- **Il vapore acqueo lascia** l'aria quando si raffredda e si condensa (si trasforma in gocce d'acqua) per formare le nuvole. La maggior parte delle nuvole alla fine si trasformano in pioggia e l'acqua cade di nuovo a terra. Questo fenomeno è chiamato precipitazione.

▲ *Quando un vento freddo e secco soffia su un mare caldo, l'acqua può evaporare in nuvole di vapore.*

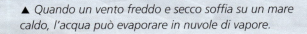

Atmosfera e meteo

- **Come una spugna,** l'aria assorbe l'acqua in evaporazione fino a quando non è satura (piena). Può assorbire più acqua solo se si riscalda e si espande.

- **Se l'aria satura si raffredda,** si contrae e spreme il vapore acqueo, costringendolo a condensarsi in gocce d'acqua. Il punto in cui ciò accade è chiamato punto di rugiada.

- **L'umidità** è la quantità di acqua nell'aria.

- **L'umidità assoluta** è il peso dell'acqua in grammi in un particolare volume d'aria.

- **L'umidità relativa,** che è scritta in percentuale, è la quantità di acqua nell'aria rispetto alla quantità di acqua che l'aria potrebbe contenere quando è satura.

LO SAPEVI?

Nell'atmosfera c'è abbastanza vapore acqueo da inondare l'intero globo coprendolo con uno specchio d'acqua profondo 2,5 m.

Nuvole

- **Le nuvole sono masse dense** di gocce d'acqua e cristalli di ghiaccio così piccoli da galleggiare in alto nell'aria.

- **I cumuli** sono soffici nuvole bianche. Si formano quando l'aria calda sale e si raffredda al punto in cui il vapore acqueo si condensa.

- **Le forti correnti ascensionali** creano enormi cumulonembi, o nubi temporalesche.

- **Gli strati** sono nuvole ampie e senza forma che si formano quando uno strato d'aria si raffredda fino al punto in cui l'umidità si condensa. Spesso comportano lunghi periodi di pioggia leggera.

- **I cirri** sono vaporosi, e si formano così in alto che sono composti interamente di ghiaccio. I forti venti in altitudine li fanno esplodere creando cirri a "coda di cavallo".

- **Le nuvole basse** si trovano sotto i 2000 m. Comprendono gli strati e gli stratocumuli (le cime sparse dei cumuli).

- **I nembi sono nuvole basse** e scure che portano pioggia o altre precipitazioni.

- **Le nubi centrali** hanno spesso il prefisso "alto" e si trovano tra i 2000-6000 m di altezza. Essi includono i rotoli di altocumuli e le lamine sottili di altostrati.

- **Le nubi alte** sono nuvole di ghiaccio che arrivano a 11.000 m di altezza. Essi includono cirri, cirrostrati e cirrocumuli.

- **Le scie di condensazione** sono lunghe e sottili scie di cristalli di ghiaccio o gocce d'acqua prodotte da aerei a reazione.

▶ *Le nubi alte come questa sono formate più da ghiaccio che da acqua. I forti venti ad alta quota creano ondulazioni distintive.*

Atmosfera e meteo

Nebbia e foschia

- **Come le nuvole,** anche la nebbia è costituita da miliardi di piccole gocce d'acqua che galleggiano nell'aria.

- **La nebbia si forma** vicino alla superficie terrestre, su specchi d'acqua o su terreni umidi.

- **La foschia si forma** quando l'aria si raffredda fino al punto in cui il vapore acqueo in essa contenuto si condensa diventando acqua.

- **I meteorologi definiscono la nebbia** come una foschia che riduce la visibilità a meno di un chilometro.

▶ *La nebbia si forma spesso quando l'aria fredda si insinua nelle valli durante le notti fredde.*

Atmosfera e meteo

- **Esistono quattro tipi principali** di nebbia: da irraggiamento, da avvezione, frontale e sopraffusa.

- **La nebbia da irraggiamento** si forma nelle notti fredde, limpide e calme. Il terreno perde il calore che ha assorbito durante il giorno e raffredda l'aria soprastante.

- **La nebbia da avvezione** si forma quando l'aria calda e umida scorre su una superficie fredda. Questo raffredda l'aria a tal punto che l'umidità in essa contenuta si condensa.

- **La nebbia marina** è una nebbia per avvezione che si forma quando l'aria calda fluisce sulle fresche acque costiere e sui laghi.

- **La nebbia frontale** si forma lungo i fronti meteorologici.

- **La nebbia sopraffusa** si forma quando l'aria calda e umida sale sulle montagne e poi si raffredda.

LO SAPEVI?
Lo smog è una fitta nebbia che si forma nell'aria inquinata da minuscole particelle.

Pioggia

- **La pioggia scende da nuvole** piene di grandi gocce d'acqua e cristalli di ghiaccio. Il nome tecnico per la pioggia è precipitazioni, che comprende anche neve, nevischio, grandine, brina e rugiada.

- **La pioggerella è formata da gocce** di 0,2-0,5 mm di diametro e cade dai nembostrati. Le gocce di pioggia invece hanno un diametro di 1-2 mm. Le gocce che cadono dai cumulonembi (nubi temporalesche) possono avere un diametro di 5 mm

- **Inizia a piovere** quando le gocce d'acqua o i cristalli di ghiaccio nelle nuvole diventano troppo grandi perché l'aria li sostenga.

- **Le gocce d'acqua** nelle nuvole crescono quando l'aria umida viene spinta verso l'alto e si raffredda, causando la condensazione e la fusione di molte gocce. Questo accade quando sacche d'aria calda e ascendente formano nuvole temporalesche sui fronti meteorologici o quando l'aria viene spinta verso l'alto sulle colline.

- **Ai tropici,** le gocce di pioggia si ingrandiscono nelle nuvole quando esse collidono tra loro. Nei luoghi freschi, si formano anche su cristalli di ghiaccio all'interno delle nuvole.

- **Il luogo più piovoso del mondo** è il Mount Wai-'ale-'ale alle Hawaii, dove piove 350 giorni all'anno.

- **Secondo le stime delle precipitazioni** Lloro in Colombia è il luogo più umido, poiché cadono più di 1300 cm (13 m) di pioggia ogni anno.

- **Nel 1952 sull''isola della Réunion** nell'Oceano Indiano sono caduti 187 cm di pioggia in un solo giorno.

- **Nel 1970 in Guadalupa,** nelle Antille, sono caduti 3,8 cm di pioggia in un minuto.

Atmosfera e meteo

◄ *Alte e scure nubi temporalesche provocano scrosci di pioggia brevi e intensi.*

Neve e grandine

- **La neve è** costituita da cristalli di ghiaccio. Cade quando l'aria è troppo fredda per sciogliere il ghiaccio in pioggia.

- **Al di fuori dei tropici**, la maggior parte della pioggia inizia a cadere come neve, ma si scioglie scendendo.

- **Cade più neve** nel nord degli Stati Uniti che al Polo Nord. Di solito al Polo Nord fa troppo freddo perché nevichi.

- **Le nevicate più intense** avvengono quando la temperatura dell'aria si aggira intorno al punto di congelamento.

- **La neve è difficile da prevedere** perché un aumento della temperatura di appena 1 °C può trasformare la neve in pioggia.

- **Tutti i fiocchi di neve hanno sei lati.** Di solito sono costituiti da cristalli a forma di piastre piatte, ma occasionalmente si trovano anche sotto forma di aghi e colonne.

- **Wilson Bentley** (1865-1931) era un agricoltore americano che fotografò migliaia di fiocchi di neve al microscopio. Non ha mai trovato due fiocchi identici.

Atmosfera e meteo

◀ La città che riceve la maggior quantità di neve è Aomori in Giappone, con più di 8 m all'anno.

- **La grandine non è altro che gocce di pioggia congelate,** di solito a forma di palla e di dimensioni superiori a 4-5 mm.

- **Le palline sono chiamate chicchi di grandine** e quando ne cadono molti in breve tempo danno luogo a una grandinata.

- **La maggior parte dei chicchi di grandine ha una struttura a cipolla.** Gli strati si formano grazie al congelamento delle gocce di pioggia, che poi vengono spazzate su e giù all'interno di una nuvola, man mano che altre gocce d'acqua e vapore acqueo si condensano e si congelano sulla palla.

- **I chicchi di grandine più grandi** di 2 cm possono danneggiare automobili, tetti, finestre e altre strutture.

- **I chicchi di grandine più pesanti** registrati scientificamente pesavano più di un chilogrammo e sono caduti in Bangladesh. Il più grande, di 20 cm di diametro, è caduto in South Dakota, USA.

> **LO SAPEVI?**
> La città dove cade la maggior quantità di neve è Aomori in Giappone, con più di 8 m all'anno.

Ghiaccio e freddo

- **L'inverno è freddo** perché le giornate sono brevi. Il Sole si muove attraverso il cielo con un angolo basso, e il suo calore si disperde.

- **I luoghi più freddi** del mondo si trovano intorno ai poli nord e sud dove il sole splende con un angolo basso anche in estate, e in inverno non si alza per giorni e giorni.

- **La temperatura media** al Polo Nedostupnosti (Polo dell'inaccessibilità) in Antartide è di -58 °C.

- **La temperatura più fredda** mai registrata è stata di -89,2 °C a Vostok in Antartide il 21 luglio 1983.

- **Le aree centrali dei continenti** possono diventare molto fredde in inverno perché la terra perde rapidamente calore e non ci sono oceani, che sono più caldi, nelle vicinanze.

- **Quando la temperatura dell'aria scende sotto gli 0 °C**, il vapore acqueo in essa contenuto può congelare senza prima trasformarsi in rugiada (gocce d'acqua che si formano sulle superfici fredde) e copre il terreno con cristalli di ghiaccio o brina.

- **I fiori di ghiaccio** sono disegni di ghiaccio che si formano sul vetro freddo mentre le gocce di rugiada si congelano poco a poco.

- **I fiori di neve** si formano come aghi appuntiti quando l'aria umida soffia sulle superfici fredde e si congela su di esse.

- **La brina è uno spesso strato** di ghiaccio che si forma quando le gocce d'acqua nelle nuvole e le nebbie rimangono liquide anche al di sotto del punto di congelamento. Le gocce si congelano istantaneamente quando toccano una superficie.

- **La galaverna si forma** quando la pioggia cade su superfici stradali ghiacciate.

Atmosfera e meteo

▼ *Un improvviso abbassamento della temperatura trasforma una cascata in una cortina di ghiaccioli.*

Pressione dell'aria

- **L'aria è leggera,** ma ce n'è una quantità così grande che può esercitare una pressione enorme a livello del suolo. L'aria o pressione atmosferica è il costante bombardamento di miliardi di molecole d'aria in movimento.

- **L'aria spinge in tutte le direzioni** a livello del suolo con una forza di oltre un chilogrammo per centimetro quadrato, l'equivalente di un elefante in piedi su un tavolino da caffè.

▼ Le linee bianche sono isobare e sono comuni sulle carte meteorologiche e delle previsioni del tempo. Rappresentano luoghi di uguale pressione dell'aria (iso = uguale o uguale, bar = pressione). Quindi la linea 980 mostra tutti i luoghi con una pressione dell'aria di 980 millibar. Più le isobare sono vicine, più forti sono i venti in quell'area. L rappresenta il centro di questo sistema a bassa pressione - un uragano nel Golfo del Messico.

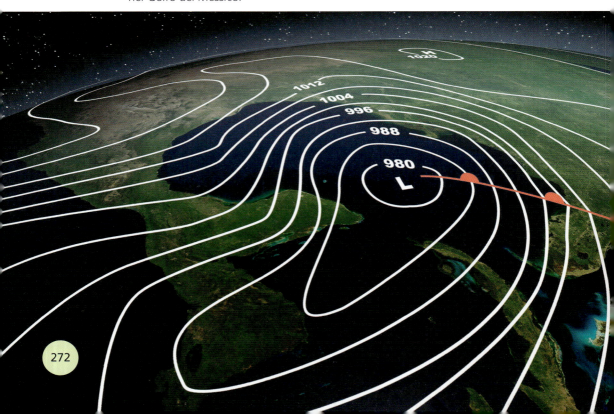

Atmosfera e meteo

- **La pressione dell'aria** viene misurata in unità chiamate millibar (mb) da un dispositivo chiamato barometro.

- **La pressione dell'aria varia costantemente** in luoghi e in tempi diversi. Questo succede perché anche il calore del Sole varia, facendo espandere l'aria per diventare sempre più sottile e leggera, o contrarre per diventare sempre più spessa e pesante.

- **La pressione normale dell'aria** a livello del mare è di 1013 mb, ma può variare tra 800 mb e 1050 mb.

- **La pressione dell'aria è indicata** sulle mappe meteorologiche da linee chiamate isobare, che collegano le posizioni che hanno la stessa pressione.

- **Le zone di alta pressione** sono chiamate anticicloni. Le zone di bassa pressione sono chiamate cicloni o depressioni.

- **I barometri aiutano a prevedere** il tempo perché i cambiamenti della pressione dell'aria sono legati ai cambiamenti del tempo

- **Un improvviso e brusco calo** della pressione atmosferica avverte che è in arrivo un temporale perché le depressioni sono legate alle tempeste.

- **L'alta pressione costante** indica un tempo più limpido e calmo.

273

Fronti meteorologici

- **Un fronte meteorologico** si forma dove una grande massa d'aria calda incontra una grande massa d'aria fredda.

- **In un fronte caldo,** la massa d'aria calda si muove più velocemente dell'aria fredda. L'aria calda sale lentamente sopra l'aria fredda, degradando dolcemente fino a 1,5 km su una distanza di 300 km.

- **Su un fronte freddo,** la massa di aria fredda si muove più veloce e smorza l'aria calda, facendola salire bruscamente e creando un fronte in forte pendenza che sale a 1,5 km su una distanza di circa 100 km.

- **Alle medie latitudini,** i fronti sono collegati a sistemi meteorologici a spirale chiamati depressioni, incentrati su una regione di bassa pressione dove l'aria calda e umida sale. I venti si spostano a spirale verso il basso - in senso antiorario nell'emisfero nord, in senso orario in quello meridionale.

- **I minimi iniziano lungo** il fronte polare, esteso in tutto il mondo. Qui, l'aria fredda dai poli incontra l'aria calda e umida che sale dalle zone subtropicali.

- **I minimi si sviluppano come un'increspatura** sul fronte polare. Diventano poi più grandi man mano che i forti venti nell'aria superiore li trascinano verso est, portando pioggia, neve e venti impetuosi. Un cuneo di aria calda penetra nel cuore del minimo, e il tempo peggiore si verifica lungo i bordi del cuneo. Un bordo è un fronte caldo, l'altro è un fronte freddo.

- **Il fronte caldo arriva** per primo, insieme ai cirri di ghiaccio in alto nel cielo. Mentre il fronte si sposta, il cielo si riempie di nembostrati grigio ardesia che portano una pioggia costante. Man mano che il fronte caldo si sposta, il tempo diventa più mite e il cielo può brevemente schiarire.

Atmosfera e meteo

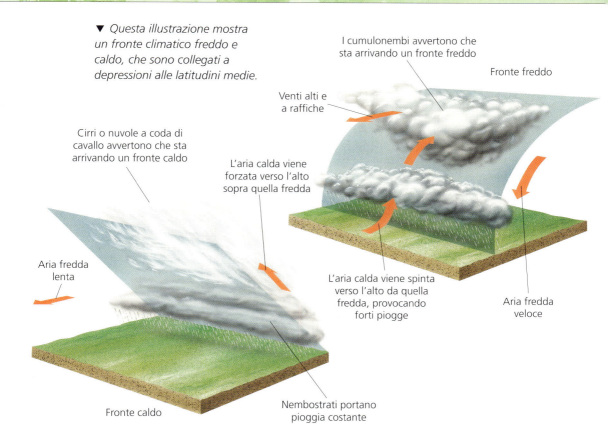

▼ Questa illustrazione mostra un fronte climatico freddo e caldo, che sono collegati a depressioni alle latitudini medie.

- I cumulonembi avvertono che sta arrivando un fronte freddo
- Fronte freddo
- Venti alti e a raffiche
- Cirri o nuvole a coda di cavallo avvertono che sta arrivando un fronte caldo
- L'aria calda viene forzata verso l'alto sopra quella fredda
- Aria fredda lenta
- L'aria calda viene spinta verso l'alto da quella fredda, provocando forti piogge
- Aria fredda veloce
- Fronte caldo
- Nembostrati portano pioggia costante

- **Dopo qualche ora,** un accumulo di nuvole temporalesche e venti a raffiche avvertono che il fronte freddo è in arrivo: le nuvole scatenano brevi e pesanti rovesci, temporali o tornado.

- **Dopo il passaggio del fronte freddo,** l'aria diventa più fredda e il cielo si schiarisce, lasciando solo alcuni soffici cumuli.

- **I meteorologi pensano** che le depressioni siano legate a forti venti, chiamati correnti a getto, che circondano la Terra in alto sopra il fronte polare. La depressione può iniziare con le onde di Rossby, che sono gigantesche pieghe della corrente d'aria lunghe fino a 2000 km.

Il vento

- **Il vento è aria che si muove.** I venti forti sono aria in rapido movimento e le brezze leggere sono aria che si muove lentamente.

- **L'aria si muove** perché il Sole riscalda alcuni luoghi più di altri, creando differenze nella pressione dell'aria.

- **Il calore fa espandere e sollevare l'aria,** abbassandone la pressione. Il freddo rende l'aria più pesante, aumentando la pressione.

- **Quando l'aria si riscalda e sale,** l'aria più fredda scorre per prendere il suo posto, creando i venti.

- **I venti soffiano** da zone di alta pressione a zone di bassa pressione.

- **Maggiore è la differenza di pressione**, o gradiente, più forti sono i venti che soffiano.

- **Nell'emisfero settentrionale,** i venti si muovono a spirale in senso orario nelle arie di alta pressione e in senso antiorario in quelle di bassa pressione. Nell'emisfero australe si verifica il contrario.

- **Il vento prevalente** è quello che soffia frequentemente dalla stessa direzione. I venti prendono il nome dalla direzione da cui soffiano. Un vento di ponente soffia da ovest.

- **Ai tropici** i venti prevalenti sono caldi e secchi. Soffiano da nord-est e sud-est verso l'equatore.

- **Alle latitudini intermedie** i venti prevalenti sono caldi, umidi e in prevalenza di ponente.

LO SAPEVI?
Il posto più ventoso è George V in Antartide, dove venti a 320 km/h sono comuni.

Atmosfera e clima

▼ *La direzione del vento più comune o "prevalente" è diversa ai tropici, alle medie latitudini e nelle regioni polari.*

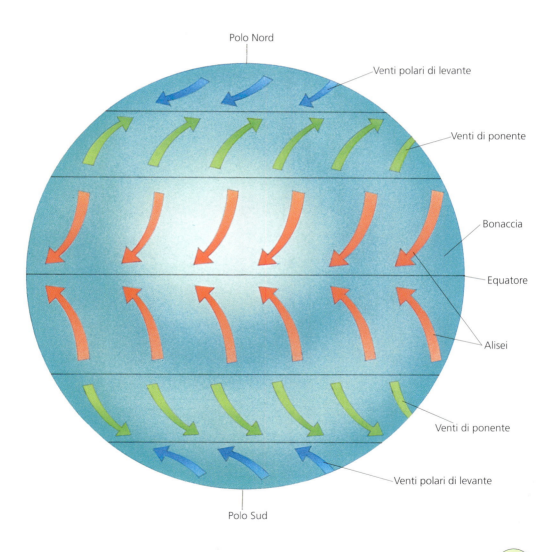

Temporali

- **I temporali si scatenano** quando le forti correnti d'aria si accumulano su imponenti cumulonembi dove le gocce d'acqua e i cristalli di ghiaccio vengono agitati insieme e si caricano di elettricità statica.

- **Le cariche negative** nella nuvola affondano, le positive salgono. Il fulmine è un'ondata di carica negativa che viaggia verso quella positiva.

- **La saetta** è un fulmine che si sviluppa all'interno di una nuvola. Il fulmine forcuto viaggia da una nuvola al suolo o ad un'altra nuvola. Inizia con una luce veloce e fioca da una nuvola al suolo, chiamata scarica pilota che prepara l'aria per un colpo più grande, più lento, una frazione di secondo dopo.

- **Il fulmine forcuto viaggia** fino a 100.000 km al secondo lungo una stretta via lunga fino a 14 km. La saetta può essere lunga fino a 140 km.

- **Il tuono è il suono** dell'onda d'urto che avviene quando l'aria si espande dopo essere stata riscaldata a 25.000 °C dal fulmine.

- **Il suono viaggia più lentamente della luce,** così sentiamo il tuono tre secondi più tardi per ogni chilometro che ci separa dal temporale.

- **Ogni minuto** in tutto il mondo si verificano 2000 temporali. Ogni secondo, 100 fulmini colpiscono il suolo.

- **Un lampo** è più luminoso di dieci milioni di lampadine a basso consumo energetico da 20 watt. Per una frazione di secondo ha più potenza di tutte le centrali elettriche degli Stati Uniti insieme.

Atmosfera e meteo

▼ *La tremenda turbolenza di un temporale accumula una carica elettrica che viene rilasciata attraverso i fulmini.*

Tempeste di sabbia

- **Le tempeste di polvere e sabbia** si verificano in luoghi asciutti o aridi quando il vento raccoglie le particelle sciolte, le trasporta e le fa cadere in un altro luogo.

- **Quando il vento sposta** grandi particelle di sabbia sciolte, esse vibrano dapprima sul terreno e poi iniziano a rimbalzare. Questo fenomeno si chiama saltazione.

▼ Un muro incombente di sabbia e polvere soffia verso le piramidi di Giza in Egitto. In pochi minuti la visibilità si ridurrà a pochi metri.

Atmosfera e meteo

- **Quando rimbalzano** si frantumano in particelle ancora più piccole, o polvere, e possono essere abbastanza leggere da essere raccolte e trasportate dal vento sotto forma di nubi dense che riducono sensibilmente la visibilità.

- **Più piccole sono le particelle,** più in alto sono sollevate in aria, fino a 6 km, e possono essere trasportate per migliaia di chilometri. La foresta pluviale amazzonica riceve parte delle sue sostanze nutritive dalla polvere del Sahara soffiata attraverso l'Atlantico.

- **Oggi ci sono dieci volte** più tempeste di polvere sahariana che 50 anni fa, probabilmente a causa di cattive pratiche agricole come l'abbandono del suolo senza copertura vegetale.

- **Le tempeste di polvere** possono causare malattie come la silicosi e il cancro ai polmoni, e possono colpire gli occhi, portando alla cecità. Possono anche trasportare spore virali tra i continenti.

- **Nel luglio 2014** a Sydney, in Australia, tutto è scomparso sotto una massiccia nuvola di polvere rossa soffiata verso est dall'outback.

- **Parti della Grande Muraglia cinese** sono state erose dalle tempeste di sabbia causate dalla desertificazione del nord-ovest del paese.

- **Una delle peggiori tempeste di sabbia** del mondo ha colpito l'Iraq nel 2009. È durata una settimana durante la quale sono rimasti chiusi imprese, negozi, strade e l'aeroporto, e la gente è stata costretta a rimanere al chiuso. Il numero di persone ricoverate in ospedale per problemi respiratori è stato otto volte superiore al normale.

Bufere di neve

- **Una bufera** è una tempesta di neve in cui la neve cade pesantemente per diverse ore, con venti sostenuti di 50 km/h o più.

- **I venti frullano** intorno alla neve che cade, raccolgono da terra anche quella già caduta e la soffiano nell'area circostante.

- **La neve soffiata dal vento** si raccoglie in cumuli che possono essere alti anche decine di metri e seppellire intere case.

- **Una tormenta** si verifica quando la neve che cade è così fitta e/o soffiata dal vento che la visibilità si riduce notevolmente, a uno o due metri.

- **Senza punti di riferimento visibili,** come l'orizzonte, le case, gli alberi, le strade, persino il cielo e la terra, le persone possono perdere il senso dell'orientamento.

- **La neve leggera, soffice e polverosa** sciogliendosi produce 1/15-1/10 della quantità di pioggia equivalente, quindi, in media, 12 cm di neve corrispondono a un cm di pioggia. La neve pesante e densa produce un quinto della quantità di pioggia equivalente.

- **Nel febbraio 1972,** quasi 8 m di neve caddero su alcune parti dell'Iran nell'arco di una settimana e morirono più di 4000 persone.

- **Nel 2014,** in un edificio universitario in Corea del Sud, un tetto crollò sotto il peso della neve, uccidendo dieci persone e ferendone altre 100.

Atmosfera e meteo

- **Nel febbraio 1959,** sul Mount Shasta Ski Bowl in California, USA, sono caduti 5 metri di neve in soli sei giorni.

- **Nel marzo 1911,** Tarmac, in California, è stata sepolta da 11 m di neve.

- **Il limite delle nevi perenni** è l'altitudine minima di una montagna dove la neve rimane per tutta l'estate. Si trova a 5000 m ai tropici, 2700 m nelle Alpi, 600 m in Groenlandia e al livello del mare ai poli.

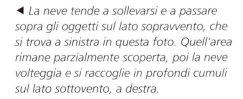

◀ La neve tende a sollevarsi e a passare sopra gli oggetti sul lato sopravvento, che si trova a sinistra in questa foto. Quell'area rimane parzialmente scoperta, poi la neve volteggia e si raccoglie in profondi cumuli sul lato sottovento, a destra.

Tornado

- **I tornado, o trombe d'aria,** sono alti imbuti di venti che soffiano violentemente a spirale sotto le nuvole temporalesche.

- **Un tornado può passare** in pochi minuti, ma può causare gravi danni.

- **La velocità** del vento all'interno dei tornado è difficile da misurare, ma si ritiene che sia superiore ai 400 km/h.

- **I tornado si formano** sotto enormi nubi temporalesche, chiamate supercellule, che si sviluppano lungo fronti freddi.

- **In Inghilterra si verificano più tornado** per chilometro quadrato che in qualsiasi altro paese, ma di solito sono molto piccoli e miti.

◀ Una tromba d'acqua è un tornado più debole che si sviluppa sull'acqua. Spesso le trombe d'acqua trasportano animali come pesci e rane.

Atmosfera e meteo

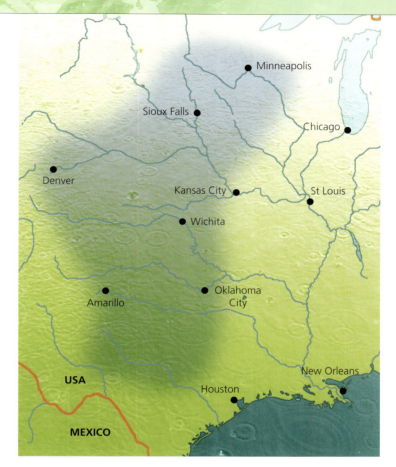

▶ Tornado Alley (la zona ombreggiata) è l'ampia regione del centro degli Stati Uniti che viene colpita ogni estate da numerosi tornado.

- **Negli Stati Uniti,** Tornado Alley (tra il Kansas e l'Oklahoma) è colpita da circa 1000 tornado all'anno, alcuni dei quali sono incredibilmente potenti.

- **Un tornado può essere valutato** sulla scala Fujita, da F0 (F zero, tempesta) a F6 (tornado inconcepibile). Un tornado F5 (tornado incredibile) con velocità del vento di 420 - 510 km/h può sollevare una casa e trasportare un autobus per centinaia di metri.

- **Nel 1990,** in Kansas un tornado sollevò un treno di 88 carrozze dal binario e lo lasciò cadere formando pile alte come quattro auto.

285

Uragani

- **Gli uragani sono potenti** e vorticose tempeste tropicali. Sono anche chiamati cicloni (Oceano Indiano e Pacifico sudoccidentale) o tifoni (Pacifico nord-occidentale). Nell'Atlantico e nel Pacifico nord orientale, sono semplicemente noti come uragani.

- **Alla fine dell'estate** gli uragani atlantici si sviluppano quando si accumulano gruppi di temporali su mari caldi, a una temperatura di almeno 27 °C.

- **Man mano che gli uragani si sviluppano,** si stringono in una spirale con un anello calmo di bassa pressione, chiamato "occhio", al centro.

- **Gli uragani si muovono verso ovest** nell'Atlantico a circa 20 km/h. Colpiscono le coste orientali dei Caraibi e del Nord America, portando piogge torrenziali e venti che soffiano fino a 360 km/h.

- **Un uragano è una tempesta** con venti che superano i 119 km/h.

- **Ad ogni uragano viene dato un nome.** Ogni anno vengono scelti in ordine alfabetico, da una lista di sei serie di nomi rilasciati dall'Organizzazione Meteorologica Mondiale.

▶ *La tecnologia satellitare permette di seguire gli uragani minuto per minuto. Questa immagine mostra l'uragano Ivan del 2004.*

LO SAPEVI?
In media gli uragani durano 3-14 giorni. Perdono energia mentre si dirigono verso i poli nell'aria più fredda.

Atmosfera e meteo

Aprile/settembre 2000

13 settembre 2005

- **Quindi il primo uragano dell'anno** ha un nome che inizia con "A": Alberto nel 2012, Andrea nel 2013, poi Arthur, Ana, Alex e Arlene nel 2017. L'uragano successivo inizia con la "B" e così via.

- **I nomi degli uragani** che causano ingenti danni e perdite di vite umane, come Andrew nel 1992 e Katrina nel 2005, vengono "ritirati" e sostituiti da nuovi nomi.

- **Il ciclone che ha mietuto più vittime** ha colpito il Bangladesh nel 1970. L'inondazione causata dall'uragano ha ucciso 266.000 persone. .

- **I danni peggiori** di un uragano spesso non sono causati dal vento, ma dall'acqua che si riversa sul terreno.

- **Katrina** ha colpito la costa meridionale degli Stati Uniti, compresa la città di New Orleans, tra il 23 e il 31 agosto 2005. Si tratta di uno dei soli quattro uragani di categoria 5 a colpire gli Stati Uniti. Gli uragani di categoria 5 hanno venti superiori a 249 km/h, ma Katrina ha avuto venti fino a 281 km/h.

▶ La città di New Orleans, USA, prima e dopo l'uragano Katrina. Nell'immagine in basso, le inondazioni corrispondono al grigio chiaro (meno profondo) al blu scuro (più profondo) nelle zone interne. L'aeroporto di Lakefront e il lago Pontchartrain si trovano in cima.

Stagioni

- **Le stagioni sono periodi** in cui l'anno è diviso in base ai cambiamenti annuali dei modelli meteorologici.

- **Al di fuori dei tropici** esistono quattro stagioni all'anno: primavera, estate, autunno e inverno. Ogni stagione dura circa tre mesi.

- **I cambiamenti nelle stagioni** avvengono perché l'inclinazione dell'asse terrestre di 23,5° rimane uguale mentre la Terra ruota intorno al Sole.

- **Quando l'emisfero settentrionale** si inclina verso il Sole è estate nel nord del mondo e inverno nel sud.

Primavera nell'emisfero settentrionale

▶ *Mentre la Terra orbita intorno al Sole, è sempre inclinata nello stesso modo. Questo significa che ogni polo si inclina verso il Sole e poi si allontana nel corso dell'anno, dando luogo alle stagioni.*

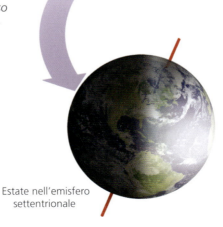

Estate nell'emisfero settentrionale

Atmosfera e meteo

- **Quando la Terra si sposta** di un altro quarto della sua orbita, gli emisferi settentrionale e meridionale sono equidistanti ed è autunno a nord e primavera a sud.

- **Dopo un altro quarto di orbita,** l'emisfero meridionale è inclinato verso il Sole, quindi è inverno nel nord del mondo e estate nel sud.

- **Mentre la Terra si muove** nella sua orbita di tre quarti intorno al Sole, il nord comincia a inclinarsi nuovamente verso il Sole. Questo porta un clima primaverile più caldo a nord e l'autunno a sud.

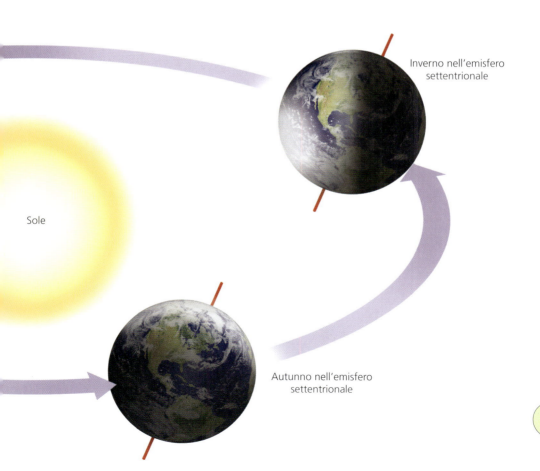

Sole

Inverno nell'emisfero settentrionale

Autunno nell'emisfero settentrionale

Zone climatiche

- **Il meteo è l'insieme di eventi atmosferici** nel corso di giorni e settimane, mentre il clima rappresenta le condizioni a più lungo termine nel corso di anni, decenni e secoli.

- **I climi sono più caldi** vicino all'Equatore, dove il sole sale in alto nel cielo. I suoi raggi passano attraverso l'atmosfera formando un angolo acuto, e il loro calore agisce su una piccola area del terreno.

- **I climi tropicali** si trovano ai tropici, le zone ai lati dell'equatore. Le temperature medie sono di 27 °C.

- **Vicino ai poli il clima è fresco**, e il sole non sale mai in alto nel cielo. I suoi raggi si inclinano nell'atmosfera e si diffondono su un'ampia superficie. Le temperature medie sono di -30 °C.

- **I climi temperati** sono miti, e si verificano nelle zone temperate tra i tropici e le regioni polari. Le temperature estive possono raggiungere una media di 23 °C e quelle invernali di 12 °C.

- **Il clima oceanico** è più umido vicino agli oceani, con estati più fresche e inverni più caldi.

- **Il clima mediterraneo** è temperato con estati calde e inverni miti. È tipico del Mediterraneo, del Sud dell'Africa e del Sud dell'Australia.

- **Il clima monsonico** ha una stagione molto umida e una molto secca ed è tipico dell'India e del Sud-Est asiatico.

- **Il clima continentale** è secco e si verifica nelle aree centrali dei continenti, con estati calde e inverni freddi.

- **I climi montani** diventano più freddi e ventosi con l'altitudine.

Atmosfera e meteo

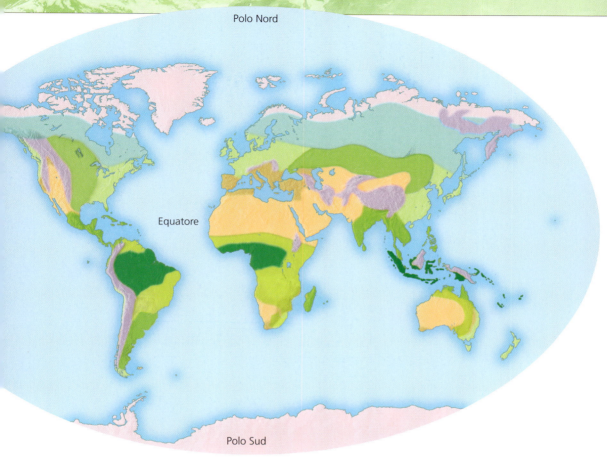

Polo Nord

Equatore

Polo Sud

Tropicale

Foresta pluviale tropicale

Deserto

Polare

Montano

Temperato asciutto

Temperato umido   Temperato freddo   Praterie temperate

▲ *I cerchi colorati (a sinistra) corrispondono alle aree della mappa. In generale, i climi più caldi si trovano vicino all'equatore.*

Previsioni del tempo

- **Lo studio scientifico** dell'atmosfera, compresi il meteo e il clima, si chiama meteorologia.

- **Le previsioni del tempo** si basano in parte su potenti computer, che analizzano l'atmosfera terrestre.

- **Un tipo di previsione meteorologica** divide l'aria in "pacchetti" impilati in colonne sopra i punti di una griglia sparsi in tutto il mondo.

- **Ci sono oltre un milione di punti** sulla griglia, ognuno di essi contiene una pila di almeno 30 pacchetti.

- **Le stazioni meteorologiche** effettuano ogni giorno milioni di misurazioni delle condizioni meteorologiche a intervalli regolari.

Atmosfera e meteo

- **Ogni poche ore,** più di 15.000 stazioni meteorologiche terrestri registrano le condizioni a terra.

- **Inoltre, ogni poche ore,** dei palloncini portano gli strumenti nell'atmosfera per registrare le condizioni in altitudine.

- **I meteosat,** o satelliti meteorologici, forniscono una panoramica dell'evoluzione dei modelli meteorologici.

- **Le immagini satellitari a infrarossi** mostrano le temperature sulla superficie terrestre, sulla terra, nell'acqua e nell'atmosfera.

- **I supercomputer permettono** di prevedere accuratamente il tempo con tre giorni di anticipo e fino a 14 giorni di anticipo con una certa sicurezza.

▼ *Le previsioni del tempo dipendono dalle continue osservazioni di migliaia di stazioni meteorologiche in tutto il mondo, come questa nell'Artide.*

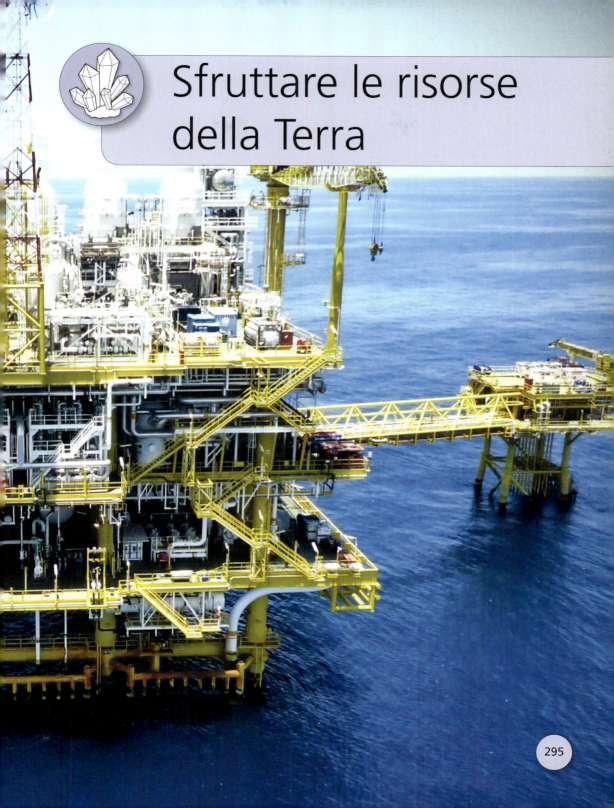

Sfruttare le risorse della Terra

Ricchezze della Terra

- **La vita umana** dipende da svariati tipi di sostanze che si trovano sulla Terra o al suo interno. La maggior parte di esse prima o poi si esaurirà e si dovranno trovare fonti nuove o alternative.

- **Il carburante è uno dei requisiti di base** della vita moderna e del suo comfort. Attualmente i principali combustibili sono il gas, il petrolio, il carbone e gli elementi radioattivi come l'uranio.

- **I metalli preziosi** come l'oro, l'argento e il platino, e le pietre preziose come diamanti e smeraldi, sono apprezzati soprattutto per la loro rarità e bellezza. I metalli più comuni come il ferro e il rame lo sono per l'ingegneria, la tecnologia e l'edilizia.

- **I metalli più rari,** come lo scandio e il gadolinio, sono essenziali per dispositivi come telefoni cellulari, computer, batterie e veicoli spaziali.

- **Quasi tutto** ciò che utilizziamo contiene plastiche che sono principalmente di origine petrolchimica (petrolio greggio). Sono in fase di sviluppo nuove materie plastiche a base di materiale vegetale.

- **Fino al 50%** delle colture mondiali sono coltivate con l'uso di fertilizzanti. Quelli sintetici sono prodotti nelle fabbriche a partire da minerali o gas naturale che si trovano nelle rocce.

- **Utilizzato per la prima volta 6000 anni fa,** il sale è usato per condire o conservare gli alimenti e nell'industria chimica. Si ottiene dall'evaporazione dell'acqua di mare, o viene estratto da depositi rocciosi.

▶ *L'estrazione di materie prime terrestri necessita delle macchine più grandi del mondo, come questa piattaforma petrolifera offshore.*

Sfruttare le risorse della Terra

- **Per la costruzione di edifici** e strade si utilizzano sostanze provenienti dalla Terra come sabbia e ghiaia, e il cemento, che è una pietra calcarea riscaldata a temperature molto elevate.

- **Oggi si utilizza più rame** di quanto non ne sia rimasto nella Terra da estrarre. Poiché sono necessarie enormi quantità di energia per estrarre l'alluminio dalle rocce minerali, il riciclaggio dei metalli è ora un grande affare.

Rilevamenti e prospezioni

▲ Geometri che utilizzano un teodolite per misurare gli angoli orizzontali e verticali in prossimità del Mar Glaciale Artico. Oltre alle informazioni aeree e satellitari, si utilizzano ancora strumenti tradizionali.

- **Per trovare i giacimenti minerari terrestri** si cercano prima sulle rocce dei segni rivelatori. Questa fase è chiamata prospezione.

- **Un rilevatore geologico** può stimare la presenza di risorse sotterranee esaminando le formazioni e i tipi di roccia superficiale, i loro strati e gli affioramenti.

Sfruttare le risorse della Terra

- **Il rilievo geofisico** viene effettuato utilizzando tecniche quali la sismologia, la magnetometria (misurazione del campo magnetico terrestre), la gravimetria (misurazione della gravità), le immagini fotografiche satellitari, aeree e i radar.

- **La gravità e il magnetismo** sono influenzati dal tipo di roccia e da come essa si è formata. Possono essere accuratamente misurati con strumenti di precisione.

- **La sismologia consiste** nell'analizzare il modo in cui le onde sonore, prodotte da esplosioni o macchine, viaggiano attraverso le rocce per stimarne la densità e la composizione.

- **Il metal detector, che rimane uno dei più importanti** strumenti di prospezione, rileva i cambiamenti del campo magnetico. Tali dispositivi sono stati utilizzati per la prima volta a livello industriale negli anni '60 del 1900.

- **Se il sito sembra promettente,** si può scavare un pozzo di prova per verificare i risultati della prospezione iniziale.

- **Una volta trovato un sito potenziale,** si effettua un'indagine per decidere quale sia il metodo migliore di estrazione, le macchine e la costruzione richiesta, chi è il proprietario del sito, ed eventuali problemi di sicurezza.

- **Prima che l'estrazione** della risorsa possa iniziare, l'impresa estrattiva confronta il suo valore attuale e il possibile valore futuro con i costi potenziali.

LO SAPEVI?
La fotografia satellitare può individuare le rocce ricche di minerali, mentre i dispositivi chiamati spettroscopi identificano il tipo di minerali.

Metalli e minerali

- **Esistono circa 91** elementi metallici noti. Sono per lo più malleabili (possono essere modellati con il martello), fusibili (possono essere fusi) o duttili (possono essere estratti in un filo sottile).

- **I metalli sono combinati** con altre sostanze chimiche nelle rocce chiamate minerali all'interno della crosta terrestre. I minerali vengono estratti e da essi vengono ricavati i metalli puri, solitamente per riscaldamento, ovvero fusione.

- **I minerali sono composti chimici** che costituiscono le rocce della crosta terrestre. Circa il 90 per cento di essi sono minerali di silicato - costituiti principalmente da silicio e ossigeno.

- **La durezza minerale** è misurata sulla scala Mohs. Il più morbido, il talco ha valore 1, il quarzo (sabbia) 7 e il diamante, il più duro, 10.

▼ L'estrazione mineraria è un'attività molto redditizia. Qui si estrae un minerale di ferro chiamato ematite utilizzando escavatori, ruspe, massicci camion e vagoni ferroviari.

Sfruttare le risorse della Terra

- **I primi metalli estratti** sono stati il rame e lo stagno circa 5000 anni fa. Fusi insieme danno origine alla lega di bronzo, usata per attrezzi, armi e utensili dell'età del bronzo.

- **Il ferro è stato estratto** e fuso circa 3000 anni fa durante l'età del ferro. Molto più duro del bronzo, il ferro veniva utilizzato per fabbricare utensili, armi, ornamenti e vasi.

- **Circa il 95%** di tutto il metallo oggi in uso nel mondo è ferro - circa due tonnellate per persona.

- **Circa il 98%** di questo ferro viene mescolato con il carbonio, per ottenere carbone, o durante la fusione per produrre le leghe chiamate acciai, che sono più resistenti del ferro puro.

- **Gli acciai sono utilizzati** in edifici, veicoli, ferrovie, elettrodomestici e tutti i tipi di macchine.

- **Il Brasile è il maggior produttore** di ferro, l'Australia è al secondo posto.

- **La più grande miniera di ferro** del mondo è la miniera di Kiruna in Lapponia, profonda 1045 metri.

- **Circa 43.000 anni fa** i primi minatori estraevano l'ocra rossa, pigmento contenente ferro, che usavano per decorare i loro corpi, dalla grotta del Leone, nello Swaziland in Africa.

Gemme e pietre preziose

- **Le gemme** possono essere preziose, come il diamante e il rubino, o semi-preziose, come il granato e l'ametista, a seconda della loro rarità.

- **La maggior parte di esse si presenta come cristalli minerali,** ma alcune, come le perle, l'ambra e il giaietto, provengono da fonti vegetali o animali.

- **Le gemme sono classificate** per valore in base al loro colore, purezza e carati (peso). Il colore e la purezza dipendono dalla disposizione delle particelle, degli atomi e delle molecole più piccole del cristallo e da eventuali tracce o impurità.

- **Il corindone contiene** alluminio e ossigeno. Con tracce di cromo diventa rosso rubino, se invece contiene ferro e titanio diventa blu zaffiro.

- **La maggior parte delle gemme opache** vengono lavorate a forma di cupola chiamata cabochon per mostrare il loro colore e i motivi interni.

- **Le gemme trasparenti** come i diamanti hanno una superficie composta da facce piatte o sfaccettature, che permettono alla luce di scintillare e "brillare" mentre passa e si riflette.

- **La maggior parte delle gemme** si sono formate milioni di anni fa nella crosta terrestre, dove si sono lentamente cristallizzate a causa della grande pressione e temperatura.

◀ *Il diamante scintillante e trasparente e il carbone nero e opaco sono entrambe forme dello stesso elemento chimico, il carbonio. Nel diamante le particelle più piccole, gli atomi, sono disposti in forme simili a scatole, mentre nel carbone sono casuali.*

Sfruttare le risorse della Terra

- **I cristalli sono stati portati** in superficie dal lento movimento circolare del magma caldo e fuso, e vengono estratti dalle rocce in cui si sono formati.

- **Il più grande diamante di qualità gemma** mai trovato pesava 3106,75 carati o 621,35 grammi. È stato trovato nel 1905 in Sud Africa.

- **Il secondo scavo artificiale più grande** del mondo è la miniera di diamanti Mir in Russia, con i suoi 1200 m di larghezza e 530 m di profondità.

- **La quantità di diamanti** estratti ogni anno vale circa 8000 milioni di sterline. Un terzo sono gemme di qualità, il resto sono diamanti industriali per la perforazione, la macinazione e il taglio.

▼ Le gemme ottenute dall'ormai inattiva miniera di diamanti Mir, vicino alla città di Mirny, erano contenute in una roccia chiamata kimberlite che si è formata molto in profondità sotto una pressione gigantesca, in un'area chiamata "tubo di diamante".

Combustibili fossili

▼ *Il carbone viene solitamente trasportato tramite ferrovia fino al porto più vicino e poi caricato su navi cargo portarinfuse, come qui a Nakhodka, nel sud-est della Russia.*

● **I combustibili fossili** si sono formati decine o centinaia di milioni di anni fa, quando piante e animali morti sono stati sepolti e sottoposti a pressioni e temperature molto elevate.

Sfruttare le risorse della Terra

> **LO SAPEVI?**
> Al tasso di utilizzo attuale, si stima che il petrolio si esaurisca entro il 2150, il carbone entro il 2250 e il gas naturale entro il 2300.

- **Il gas naturale** e il petrolio si sono formati a partire da organismi marini planctonici che affondano sul fondo marino e marciscono.

- **Il carbone e alcuni gas naturali** si sono formati a partire da piante delle foreste paludose che sono state sepolte, specialmente nel periodo carbonifero circa 300 milioni di anni fa.

- **I combustibili fossili** contengono principalmente carbonio, che si combina con l'ossigeno quando viene bruciato per formare anidride carbonica (un gas serra) e rilasciare energia termica.

- **Si ritiene che la combustione** sia la causa principale del riscaldamento globale perché produce gas serra.

- **La combustione del carbone** produce anche acido solforico, carbonico e nitrico che causano piogge acide, e una miscela di particelle di carbonio e vapore acqueo chiamato smog.

- **In tutto il mondo,** ogni giorno vengono estratti circa 17 milioni di tonnellate di carbone, 13 milioni di metri cubi di petrolio e 3000 miliardi di metri cubi di gas naturale.

- **Il carbone è solitamente estratto** da miniere sotterranee profonde o da miniere a cielo aperto in superficie.

- **Le piattaforme petrolifere scavano** fino alle rocce petrolifere e pompano il petrolio in superficie. Un processo simile è usato per estrarre gas, spesso dalle stesse rocce.

- **I pozzi di petrolio e gas più profondi** scendono oltre 12.000 m sotto la superficie.

Energie rinnovabili

- **Circa il 16%** dell'energia odierna proviene da fonti rinnovabili o sostenibili, che non si esauriranno nel prossimo futuro. Inoltre, la maggior parte di essi non produce gas serra.

- **La maggior parte delle fonti di energia rinnovabile,** come l'eolico, il solare, l'idroelettrico e i biocarburanti, sfruttano in qualche modo l'energia del Sole. L'energia geotermica sfrutta il calore all'interno della Terra.

- **Le fonti di energia rinnovabile** non influenzeranno le generazioni future, ma addirittura possono liberare anche le nazioni che dipendono da altri paesi per l'energia, ad esempio, acquistando carbone e petrolio.

◀ Le grandi turbine eoliche hanno una torre o un pilone alto 70-100 m e pale del rotore lunghe 40-50 m. Grandi gruppi, chiamati parchi eolici, sono formati da centinaia di turbine.

Sfruttare le risorse della Terra

- **L'uso delle turbine eoliche** cresce ogni anno del 30% in tutto il mondo. Una grande turbina può generare abbastanza elettricità per 10.000 abitazioni.

- **Il Brasile è il paese che produce** più biocombustibile al mondo, l'etanolo, ricavato dalla canna da zucchero. Alimenta il 20% dei veicoli che circolano sulle sue strade.

- **Prima dei combustibili fossili,** tutti usavano fonti rinnovabili. La legna da ardere era probabilmente la più antica e il vento era usato dagli egiziani per alimentare le barche 7000 anni fa.

- **Le moderne turbine eoliche** sono molto efficienti. In teoria potrebbero fornire fino a 40 volte l'elettricità totale utilizzata oggi.

- **La più grande centrale idroelettrica** del mondo è la Diga delle Tre Gole sul fiume Yangtse in Cina. Produce una potenza 20 volte superiore a quella della diga di Hoover negli Stati Uniti.

- **Circa 450 centrali nucleari** producono approssimativamente il 13% di tutta l'elettricità del mondo. L'energia nucleare è sostenibile e non emette gas serra, ma lascia scorie radioattive che durano per migliaia di anni.

- **Le celle solari o fotovoltaiche** sono state inventate nel 1880. Trasformavano solo una piccola percentuale dell'energia luminosa del Sole in energia elettrica.

- **Le moderne celle solari** convertono il 16-24 per cento e i più recenti prototipi raggiungono il 45 per cento.

> ## LO SAPEVI?
> Per fornire tutta l'energia elettrica utilizzata nel mondo, i pannelli solari dovrebbero coprire un'area grande una volta e mezza la superficie del Regno Unito.

Acque dolci

- **Il ciclo dell'acqua** prevede che il calore del Sole faccia evaporare l'acqua dolce dalla superficie terrestre e marina trasformandola in vapore acqueo, che si raffredda e si condensa in nubi e cade sotto forma di pioggia o neve.

- **La pioggia o la neve si raccoglie** in stagni, fiumi e falde acquifere sotterranee. Una gran quantità si trova sotto forma di ghiaccio, come in Antartide.

- **Meno del 3%** di tutta l'acqua della Terra è acqua dolce.

- **Solo lo 0,1%** di questo 3 per cento (0,003% del totale) è pulito, il resto è salato o inquinato dal deflusso di prodotti chimici agricoli, rifiuti di fabbrica o acque reflue.

▼ *Durante i periodi di siccità, sono necessarie grandi quantità d'acqua per irrigare colture come il mais. In alcune zone questo utilizzo dell'acqua non è sostenibile.*

Sfruttare le risorse della Terra

- **L'acqua dolce pulita** viene utilizzata per bere, irrigare, lavare, cucinare e per l'igiene.

- **L'acqua dolce** è utilizzata anche per i processi industriali, l'energia idroelettrica, la pesca, la vela e gli sport acquatici come lo sci d'acqua e il rafting.

- **Le colture che necessitano di più acqua** sono la canna da zucchero e le banane, che richiedono circa 200 cm di pioggia all'anno.

- **Una vacca da latte** ha bisogno di 70-80 litri d'acqua al giorno.

- **Con l'aumento della popolazione umana,** le riserve d'acqua si riducono. Circa un decimo di tutti gli abitanti del pianeta non ha libero accesso all'acqua potabile.

- **Le maggiori riserve** di acqua dolce, come i Grandi Laghi del Nord America e dell'Africa, sono di solito lontane dai luoghi che hanno più bisogno di acqua, come l'India e la Cina.

- **L'acqua sta diventando** una risorsa sempre più preziosa, e dove i fiumi attraversano diversi paesi, come il Nilo in Africa, possono sorgere conflitti e guerre se una nazione ne interrompe il flusso.

- **Le falde acquifere sono vaste** ma non rinnovabili fonti di acqua dolce intrappolata in rocce sotterranee, a cui si accede scavando pozzi.

- **Enormi falde acquifere non sfruttate** contenenti 500.000 km cubi d'acqua sono state trovate sotto le piattaforme continentali di Australia, Cina, Nord America e Sud Africa.

Coltivare la terra

- **La coltivazione della terra** per produrre cibo e fibre come il cotone e la lana, è iniziata circa 10.000 anni fa. È stato un passo importante che ha portato alle grandi civiltà come l'antico Egitto e la Mesopotamia.

- **Le colture più importanti sono i cereali** come il riso, il mais e il grano. Ogni anno si coltivano più di 2,3 miliardi di tonnellate di cereali, che rappresentano il 60% di tutto il cibo di cui si nutre l'uomo.

- **Anche la canna da zucchero è un cereale,** coltivato in tutti i tropici. È la coltura più prodotta al mondo in peso: oltre 1,8 miliardi di tonnellate all'anno.

- **La canna da zucchero e il mais** non sono coltivati solo per l'alimentazione, ma anche per produrre biocarburante. Nel 2013, quasi il 3% del trasporto stradale mondiale è stato alimentato da bioetanolo o biodiesel, che emettono meno gas serra della benzina.

- **Gli animali sono allevati** per la carne, il latte, il cuoio e la lana e sono utilizzati anche come animali da lavoro. Quasi il 20% della superficie terrestre è utilizzato per la produzione animale. Gli animali da allevamento sono anche un'enorme fonte di gas serra, come il metano derivante dalla loro digestione.

- **Le pecore non fanno la muta,** quindi il loro mantello deve essere tosato o tagliato tutti gli anni. La Cina ha il più grande "gregge nazionale" di 135 milioni di pecore.

- **Gli allevamenti avicoli** producono tacchini e anatre, ma soprattutto polli: più di 50 miliardi ogni anno, così come 1200 miliardi di uova del peso di 70 milioni di tonnellate.

Sfruttare le risorse della Terra

▲ La tecnologia agricola comprende macchine per l'aratura e la raccolta, per la mungitura e anche per i processi chimici per la produzione di fertilizzanti come il nitrato di ammonio.

- **Gli animali da allevamento e le piante** sono sempre stati migliorati dalla selezione artificiale per ottenere rese più elevate, resistenza alle malattie o per far fronte ai climi rigidi. Ora gli scienziati utilizzano anche l'ingegneria genetica.

- **La "Rivoluzione Verde"** degli anni '40-'60 del '900, con varietà migliorate di colture, pesticidi, fertilizzanti, macchinari e irrigazione, ha permesso di nutrire un miliardo di persone in più.

- **Fino al 70%** dell'acqua dolce utilizzata nel mondo è destinato all'agricoltura.

- **I sistemi di irrigazione** che utilizzano pompe, tubi, canali, fossi, tubi flessibili e irroratori portano l'acqua alle colture quando la pioggia non cade, anche nel deserto.

Sfruttare il mare

- **Circa il 50%** di tutti gli abitanti del mondo vive nel raggio di 80 km dal mare. Molti dipendono in qualche modo da esso, dalla pesca e dalla costruzione di imbarcazioni, ai lavoratori portuali e al turismo costiero.

- **La pesca intensiva ha portato** al collasso di alcune attività di pesca come quella delle acciughe e delle sardine che potrebbero non riprendersi più. Pesci come il salmone sono ora allevati.

- **La maggior parte delle merci** commercializzate in tutto il mondo sono trasportate in mare da navi, in particolare navi portacontainer e petroliere.

- **Le navi e le barche** sono importanti anche per i viaggi e il turismo. La crociera è un'occupazione turistica in rapida crescita, mentre la pesca e altri sport acquatici sono sempre più popolari.

- **Sabbia e ghiaia** per l'edilizia sono dragati dai fondali marini. Tuttavia la tecnologia per l'estrazione di minerali come manganese, rame, nichel, ferro, cobalto e diamanti in acque profonde è ancora troppo costosa.

- **Le perforazioni per il petrolio** e il gas naturale sotto il fondale marino iniziarono nel 1890. Ora il petrolio e il gas possono essere estratti da profondità superiori a 10.000 m sotto la superficie del mare.

- **Onde, maree e variazioni** di salinità e temperatura sono tutte potenziali fonti di energia rinnovabile, ma la ricerca di modi per sfruttarle è lenta, spesso a causa del potere distruttivo delle tempeste.

Sfruttare le risorse della Terra

- **Nessuno sa** quali nuove medicine si possono trovare nel gran numero di organismi presenti negli oceani. Un farmaco anti-HIV ricavato da una spugna e un farmaco antidolorifico da un corallo sono solo due dei farmaci che gli scienziati stanno testando.

- **L'oceano è il principale bacino** di assorbimento dell'anidride carbonica (serbatoio di stoccaggio), che viene così rimossa dall'atmosfera, e il plancton oceanico produce gran parte dell'ossigeno di cui abbiamo bisogno per respirare.

- **I mari vengono inquinati** in molti modi. Il Great Pacific Garbage Patch è un'area di detriti e particelle galleggianti, molte delle quali di plastica, che copre un'area forse grande quasi quanto l'Europa.

▼ Il manganese, un metallo prezioso, può essere "raccolto" sotto forma di grumi sui fondali marini più profondi. Questi si formano come minerali di manganese disciolti in acqua di mare e si solidificano su un oggetto come una conchiglia, crescendo solo di un millimetro ogni 100.000 anni.

LO SAPEVI?
Ogni anno vengono catturati circa 90 milioni di tonnellate di pesci e molluschi di mare, che rappresentano il 15 per cento di tutte le proteine consumate nel mondo.

La Terra che vive

Ecosistemi

- **Un ecosistema** è una comunità di esseri viventi che interagiscono tra loro e con l'ambiente circostante. Qualsiasi cosa, da un pezzo di legno in decomposizione a una palude può essere un ecosistema.

- **Quando la vegetazione colonizza** un'area, spesso le prime piante a crescere sono piccole e semplici, come muschi e licheni. Queste piante stabilizzano il terreno in modo che possano crescere piante più grandi e complesse. Questo fenomeno è chiamato successione della vegetazione.

- **Gli ecosistemi della foresta pluviale** coprono solo l'8% del territorio mondiale, ma comprendono il 40% di tutte le specie vegetali e animali.

- **La catena alimentare** è il sistema che collega gli esseri viventi che si alimentano gli uni degli altri. L'interazione alimentare tra loro è raramente semplice, per cui gli ecologisti parlano di "reti" alimentari.

- **Le piante verdi** sono autotrofi (produttori), che producono il proprio cibo.

- **Gli animali sono eterotrofi** (consumatori) - mangiano altri esseri viventi.

- **I consumatori primari** sono animali erbivori (mangiatori di piante). I consumatori secondari sono carnivori (mangiatori di carne) o onnivori (animali che mangiano piante e carne).

LO SAPEVI?
Le catene alimentari sulla terraferma hanno solitamente 3-4 maglie. Quelle nell'oceano hanno ben 8-10 collegamenti.

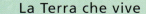

La Terra che vive

- **I decompositori o detritivori** includono insetti, millepiedi, vermi, batteri e funghi. Si nutrono dei resti di piante e animali morti. A loro volta preparano il terreno per le piante e contribuiscono a fornire loro le sostanze nutritive.

- **Ogni essere vivente** ha il suo ruolo unico nella comunità vivente, chiamato nicchia. Poiché le specie viventi sono così interdipendenti, il problema di un individuo può colpire l'intera comunità.

▶ *Tutti gli esseri viventi di un ecosistema naturale, come un bosco, dipendono l'uno dall'altro.*

Biomi

- **Un bioma è una comunità** di piante e animali adattati a condizioni simili in alcune parti del mondo. Sono noti anche come "zone di vita principali".

- **La vegetazione** che cresce in una regione è influenzata principalmente dal suolo e dal clima. A loro volta, le piante influenzano notevolmente la vita animale.

- **Poiché la vegetazione è strettamente legata** al clima, i biomi di solito corrispondono alle zone climatiche.

- **I principali tipi di bioma** includono tundra, foreste di conifere boreali (fredde), praterie temperate (praterie e steppe), savane (praterie tropicali), foreste pluviali tropicali, deserti, zone umide e montagne.

- **La maggior parte dei tipi di bioma** si trovano in diversi continenti.

- **Molte piante e animali** hanno caratteristiche che li rendono particolarmente adatti a uno specifico bioma.

▶ Ogni diverso bioma ha la propria gamma di creature e piante.

Deserto

La Terra che vive

- **L'attività umana** sta mettendo in pericolo molte specie vegetali e animali. Gli habitat forestali vengono distrutti perché gli alberi vengono abbattuti per le aziende agricole e l'edilizia. Gli habitat possono anche essere avvelenati da pesticidi e altre sostanze inquinanti.

- **Più del 40 per cento** di tutte le specie vegetali e animali sono a rischio di estinzione.

- **Una recente indagine** di un team internazionale di scienziati ha mostrato che meno del 5% degli oceani del mondo non sono ancora stati intaccati dall'attività umana.

- **I biomi in più rapida espansione** sono i deserti a causa della desertificazione e il "bioma" urbano formato da città, strade e parchi, fabbriche e centri commerciali.

- **Nel 2009** il numero di persone che vivevano in ambienti urbani era superiore a quello degli abitanti di ambienti rurali o di campagna.

Savana

Foresta pluviale

Biodiversità

- **La biodiversità rappresenta la varietà,** o ricchezza, degli esseri viventi in un dato ambiente o ecosistema. Essa viene spesso misurata come il numero di specie diverse, anche se esistono anche altri parametri.

- **La maggiore biodiversità,** sulla terraferma e negli oceani, si verifica in climi caldi, in particolare tra i tropici vicino all'equatore.

- **Le foreste pluviali tropicali** (sulla terraferma) e le barriere coralline (nell'oceano) hanno il maggior numero di specie e quindi la maggiore biodiversità.

- **Allontanandosi dall'Equatore** verso le regioni temperate e polari più fresche, le condizioni di sopravvivenza diventano più difficili e c'è meno biodiversità.

▼ Le Isole Galapagos, situate quasi all'equatore nell'Oceano Pacifico, hanno una grande biodiversità, che include le loro uniche tartarughe giganti.

La Terra che vive

- **Esistono anche "hotspot" di biodiversità** sparsi per il mondo che sono particolarmente ricchi di piante e animali endemici (quelli che non si trovano in nessun altro luogo), come il Madagascar.

> **LO SAPEVI?**
> Una foresta pluviale tropicale può contenere 1000 specie diverse di piante e animali in un'area delle dimensioni di un campo da tennis.

- **La Colombia, in Sud America,** è un "hot spot" della biodiversità. Ospita il 10% di tutte le specie di mammiferi del mondo, il 14% degli anfibi e il 18% degli uccelli.

- **La biodiversità tende ad aumentare** nel tempo man mano che gli esseri viventi si evolvono per sfruttare ogni minimo dettaglio del loro habitat.

- **La presenza di fossili** nelle rocce mostra aumenti e diminuzioni della biodiversità nel corso della storia della Terra.

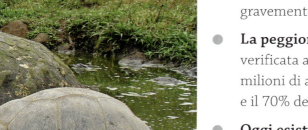

- **La biodiversità del passato** è stata gravemente ridotta dalle estinzioni di massa.

- **La peggiore estinzione di massa** si è verificata alla fine del Periodo Permiano, 252 milioni di anni fa. Il 90% delle specie terrestri e il 70% delle specie marine si sono estinte.

- **Oggi esistono circa 9 milioni di specie** viventi, ma gli attuali tassi di estinzione sono più alti che mai, forse 100 volte superiori persino rispetto a quelli dell'estinzione di massa permiana.

Foreste tropicali

- **Le foreste tropicali** crescono in una fascia tra il Tropico del Cancro e quello del Capricorno, ai lati dell'Equatore.

- **Le temperature medie** di 20-30 °C e fino a 10 m di pioggia ogni anno sono condizioni perfette per circa la metà di tutte le specie di piante e animali terrestri.

- **I quattro tipi principali** di foresta tropicale sono: foresta pluviale equatoriale sempreverde di pianura, foresta pluviale umida stagionale decidua, foresta pluviale montana o nuvolosa e foresta allagata.

- **Le foreste crescono a strati:** il suolo, lo scuro piano inferiore, la chioma a tetto e lo strato emergente di grandi alberi che sovrastano tutto il resto.

- **Il suolo della foresta** è in ombra perpetua, per cui crescono poche piante tranne intorno ai bordi e nelle radure. C'è spazio per grandi animali come tapiri, rinoceronti e persino elefanti.

- **Qui le sostanze nutritive** presenti nelle foglie cadute o nei corpi degli animali morti vengono riciclate da batteri, funghi e invertebrati decompositori come millepiedi e vermi.

La Terra che vive

- **Il piano inferiore** è costituito da tronchi d'albero, alberelli e rampicanti che crescono verso la luce. Qui vivono uccelli, serpenti, rane e piccoli mammiferi come i ratti.

- **La chioma,** solitamente a 30-40 m dal suolo, è costituita da un fitto strato di rami, foglie, fiori e frutti, viti ed epifite (piante che crescono su altre piante da supporto) come le bromelie.

- **Milioni di animali** vivono nella chioma, dagli insetti e ragni, agli uccelli come pappagalli e tucani, ai mammiferi come scimmie, primati e bradipi.

- **Molti alberi emergenti** raggiungono un'altezza di 55 m e alcuni raggiungono anche gli 80 m. Sono abitati da grandi rapaci, pipistrelli e scimmie.

◀ *Le are dal ventre rosso sono tra i tanti coloratissimi uccelli della foresta pluviale amazzonica, che si nutrono di frutti e semi durante tutto l'anno.*

323

Foreste temperate

- **Il clima** a nord o a sud dei tropici è caratterizzato da estati calde, inverni freschi e molte precipitazioni - condizioni temperate.

- **In questi climi più freschi,** le latifoglie perdono le foglie all'inizio dell'inverno: si tratta di foreste decidue temperate.

- **Esempi di alberi** che crescono in questi boschi sono quercia, acero, faggio, castagno, salice, tiglio, noce, eucalipto e olmo.

- **Gran parte della vita nella foresta** si ferma durante l'inverno. Ma non appena le foglie compaiono in primavera, vengono mangiate da insetti affamati che escono dalle tane o si schiudono dalle uova e gli uccelli tornano a mangiare gli insetti.

- **Le piante dei piani inferiori** delle foreste decidue crescono rapidamente in primavera. Fioriscono e depositano i semi, approfittando di un breve periodo prima che le foglie dell'albero li coprano facendo ombra.

- **Il suolo del bosco** è ricoperto di foglie e rami caduti che sostengono una comunità di detritivori, che si nutrono di creature morte, come funghi, vermi e termiti.

La Terra che vive

- **Le foreste di conifere temperate** o di aghifoglie crescono soprattutto nei climi più freddi dell'emisfero settentrionale. Pini, abeti e tsughe sono esempi di questi alberi.

- **La biomassa più elevata** (peso del materiale biologico) si trova nelle foreste pluviali temperate di conifere del Nord America, dove crescono le massicce sequoie.

- **Alcuni degli animali** che vivono nelle foreste temperate di tutto il mondo sono lupi, cervi, orsi, panda giganti, scoiattoli e koala.

- **Come la Terra** è divisa in zone forestali, anche le montagne sono divise in fasce secondo l'altezza. Le latifoglie tendono a crescere vicino alla base e le conifere più in alto verso la linea degli alberi.

> **LO SAPEVI?**
> Animali che influenzano fortemente i paesaggi forestali sono i castori, che costruiscono dighe per creare grandi laghi.

▼ Autunno, in Vermont, USA. Le foglie degli alberi assumono tonalità rosso brillante, rosa, arancione e giallo. Gli alberi prelevano sostanze nutritive da esse, le stoccano nei tronchi e nei rami e si preparano alla caduta delle foglie.

Foreste boreali

- **La foresta boreale, o taiga,** è costituita da alberi di conifere come pini, abeti, abeti rossi, e larici, che crescono in climi freddi e subartici.

- **Questo tipo di habitat** è il più grande bioma terrestre del mondo. Si estende nelle aree settentrionali del Nord America, dell'Europa settentrionale e dell'Asia.

▼ *Durante il periodo più freddo dell'inverno, la martora americana si rifugia in una tana o in una grotta sotto la neve dove fa molto più caldo che all'aria aperta, per molti giorni di fila.*

La Terra che vive

> **LO SAPEVI?**
> Le foreste boreali, compresa la taiga, costituiscono quasi un terzo di tutte le aree forestali della Terra.

- **Sono caratterizzate da inverni lunghi,** con temperature che possono scendere fino a -25 °C, e una breve stagione estiva di crescita, che in alcuni luoghi dura solo due o tre mesi.

- **La taiga più meridionale** consiste in una foresta a chioma chiusa, dove gli alberi crescono ravvicinati e solo il muschio può sopravvivere sul suolo scuro.

- **Più a nord** si trova il bosco di licheni. Il freddo spesso blocca lo sviluppo degli alberi, che crescono più distanti tra loro, e negli spazi vuoti dove filtra la luce si sviluppano i licheni.

- **Le conifere** si adattano al freddo. Le loro foglie strette e cerose impediscono la perdita d'acqua e la neve scivola facilmente dai loro rami in pendenza.

- **Pochi animali di taglia grande** riescono a prosperare in condizioni così difficili, ma ci sono migliaia di specie di insetti che svernano come uova o come larve (nelle prime fasi di sviluppo).

- **Gli animali di queste foreste** hanno bisogno di strategie per evitare i lunghi e rigidi inverni. Gli orsi, ad esempio, rimangono nella foresta e vanno in letargo.

- **Anche gli animali più grandi**, come l'alce, rimangono a riposo. Durante l'inverno sviluppano spessi mantelli invernali e cercano il cibo sotto la neve.

- **La maggior parte degli uccelli partono,** o migrano, in autunno tornando la primavera successiva per nutrirsi degli insetti.

Vita ai Poli e in montagna

- **Le aree della Terra** intorno al Polo Nord e al Polo Sud sono coperte di ghiaccio tutto l'anno. Il clima è molto freddo, ventoso e secco.

- **Il terreno solitamente ghiacciato** è chiamato permafrost. Se in estate la superficie si scioglie possono crescere alghe, funghi, muschi e alcune erbe.

- **Alcuni piccoli invertebrati** come ragni e acari riescono a vivere in climi polari, e le zanzare raggiungono le proporzioni di un flagello quando il permafrost si scioglie.

- **Tra gli animali più grandi** si trovano volpi artiche e lepri, lupi, caribù e buoi muschiati. Il gufo delle nevi, cosa insolita per un uccello, ha uno spesso strato di grasso per tenerlo caldo tutto l'anno.

- **Il più grande predatore terrestre** dell'Artide è l'orso polare, che caccia le foche dai banchi di ghiaccio.

- **Le condizioni in Antartide** sono più difficili che nell'Artide. I pinguini imperatore sono gli unici animali di grandi dimensioni che vivono sulla terraferma e che allevano i loro pulcini sul ghiaccio.

- **I mari polari** sono ricchi di sostanze nutritive e calamari, pesci come il merluzzo e l'aringa e il krill prosperano. Animali più grandi come i capodogli e altre grandi balene migrano in queste acque per nutrirsi.

- **Gli uccelli artici** includono gabbiani, fulmari, piccoli uccelli marini e urie. Si riproducono in primavera, quando il ghiaccio inizia a sciogliersi.

La Terra che vive

- **La regione compresa tra l'Artide** e la foresta boreale è chiamata tundra. Vi crescono pochi alberi o addirittura nessuno, è coperta principalmente da alghe, licheni, muschi, erbe e pochi deboli salici.

- **Le montagne sono luoghi freddi** e ventosi dove riescono a sopravvivere solo alcuni animali, agili cacciatori, come i puma e i leopardi delle nevi, e agili animali da pascolo come capre di montagna, yak, stambecchi e camosci.

LO SAPEVI?
Le montagne si raffreddano rapidamente con l'altezza: le temperature scendono di 6,5 °C ogni 1000 m di altitudine!

▼ *Le pecore di razza Bighorn saltano con facilità tra le falesie delle Montagne Rocciose, con i loro che non scivolano e afferrano anche le rocce ghiacciate.*

Praterie

- **Circa un quinto** del territorio terrestre è coperto da praterie, che si trovano in tutti i continenti ad eccezione dell'Antartide.

- **Le praterie sono chiamate** savana in Africa e Australia, pampa in Sud America e steppa in Eurasia

- **Non ci sono alberi** perché quando sono giovani alberelli vengono mangiati dagli animali al pascolo.

- **I periodi di siccità** e gli incendi causati dai fulmini di fine estate, quando l'erba è secca, inibiscono la crescita di molte altre piante.

- **Gli animali da pascolo** includono gnu, bisonti, gazzelle e cani delle praterie, che forniscono cibo ai grandi predatori come leoni, ghepardi, coyote e lupi.

- **La prateria e la steppa** sono habitat temperati, che si sviluppano appena fuori dai tropici. Hanno estati calde e inverni freddi, pioggia in primavera e siccità in autunno e inverno.

▼ Gnu e zebre pascolano nella savana africana. La loro vista acuta, l'olfatto e l'udito molto sviluppati individuano i predatori come leoni e iene. Senza nascondiglio, la strategia principale è la fuga sulle lunghe gambe.

La Terra che vive

- **Il terreno profondo e ricco** della prateria e della steppa è pieno di invertebrati come nematodi e lombrichi.

- **La savana,** chiamata anche prateria tropicale, si sviluppa in climi più caldi, soprattutto in Africa. Su un terreno sottile e drenante crescono alcuni piccoli alberi e arbusti.

- **Le praterie hanno una bassa biodiversità** ma una biomassa elevata, cioè, ci sono relativamente poche specie ma un numero molto elevato di ciascuna di esse.

- **Vi crescono centinaia di specie di erbe**, e i fiori selvatici tra cui astri, girasoli, trifogli, indaco selvatico, verga d'oro e liatris asperai.

Vita negli ambienti aridi

- **Le regioni aride, semiaride o desertiche** sono quelle in cui la quantità di pioggia è inferiore alla quantità di evaporazione. Di solito sono molto calde di giorno e fredde di notte.

- **Questo tipo di bioma** copre il 20% della superficie terrestre. Il più grande è il Sahara in Africa, che copre più di 8 milioni di km^3.

- **Le piante e gli animali** qui devono essere specializzati per trovare acqua e cibo a sufficienza, e prevenire il surriscaldamento.

- **Le piante del deserto** hanno vari modi per far fronte alla scarsità d'acqua. Alcune hanno radici molto profonde, e altre hanno radici che coprono un'ampia area appena sotto la superficie del terreno per assorbire tutta la pioggia che cade.

- **Molte piante** hanno foglie piccole e cerose, o non ne hanno affatto, e contengono sostanze chimiche tossiche o sono ricoperte di spine per impedire agli animali di mangiarle.

- **I cactus sono piante tipiche del deserto** con spine al posto delle foglie, un rivestimento ceroso che previene la perdita d'acqua e steli verdi che si espandono quando piove.

- **Molti fiori selvatici** che vivono in regioni aride esauriscono molto rapidamente il loro ciclo vitale. Germinano, crescono, sbocciano, e producono i semi entro pochi giorni dalla pioggia.

La Terra che vive

- **Piccoli roditori** come i topi, e rettili come lucertole e serpenti vivono nei deserti insieme a robusti invertebrati come coleotteri e scorpioni. La maggior parte vive in tane fresche di giorno e ricava abbastanza acqua dal cibo.

- **I cammelli si sono adattati perfettamente** per la vita nel deserto. Possono bere grandi quantità d'acqua dopo averne fatto a meno per giorni, i loro ampi piedi non affondano nella sabbia e le loro lunghe ciglia tengono la sabbia lontana dagli occhi.

- **Il fennec** ha orecchie enormi in modo da poter sentire il più piccolo fruscio di ogni minuscola creatura come un coleottero durante la caccia notturna. Le sue orecchie fungono anche da radiatori per aiutare a liberarsi del calore in eccesso.

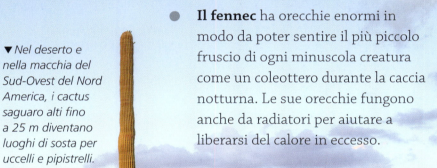

▼ *Nel deserto e nella macchia del Sud-Ovest del Nord America, i cactus saguaro alti fino a 25 m diventano luoghi di sosta per uccelli e pipistrelli.*

Aree umide e acque dolci

- **Le zone umide** sono aree costantemente o regolarmente sommerse da acqua dolce o salata, come stagni, fiumi, paludi, estuari e paludi di mangrovie.

- **Si trovano** in tutti i continenti ad eccezione dell'Antartide. Il bacino del Rio delle Amazzoni è la più grande zona umida del mondo.

- **Esistono quattro tipi** di piante delle zone umide: piante sommerse come la zostera, piante galleggianti come la lenticchia d'acqua, piante emergenti come la ninfea e quelle che crescono ai bordi dell'acqua come le mangrovie.

- **Le zone umide hanno una biodiversità molto elevata,** cioè il numero di specie diverse. Tra gli animali si trovano invertebrati, pesci, anfibi, rettili, uccelli e mammiferi.

- **Gli invertebrati includono** granchi, gamberi e altri crostacei, insetti pattinatori, coleotteri subacquei e altri insetti, vermi, sanguisughe e lumache d'acqua.

- **Molti insetti,** come le libellule, e tutti gli anfibi, come rospi e tritoni, vivono in acqua per parte del loro ciclo vitale, come ninfe o girini.

- **I pesci d'acqua dolce,** dai ciprinidi alle enormi carpe, persici e lucci, costituiscono il 30% di tutte le specie ittiche conosciute.

- **Le rane sono utilizzate come indicatori** per misurare la salute della zona umida, poiché sono molto sensibili a qualsiasi sostanza chimica tossica che possa inquinare l'acqua.

- **I rettili che vivono** dentro e intorno all'acqua includono tartarughe, alligatori, coccodrilli e serpenti come l'anaconda gigante.

La Terra che vive

- **Un gran numero di uccelli** dipende dalle zone umide. Ci sono uccelli acquatici come svassi e anatre, uccelli trampolieri come avocette e chiurli, uccelli predatori come falchi pescatori e aquile calve, e uccelli migratori come cigni e oche.

- **Milioni di uccelli migratori** si fermano nelle zone umide durante i loro lunghi viaggi per riposare, fare rifornimento e socializzare.

- **Tra i grandi mammiferi delle zone umide** ci sono il capibara, l'ippopotamo e le antilopi lichi.

▼ Gli alligatori americani abitano nelle paludi del sud est degli Stati Uniti. Con una lunghezza di 4,5 m e 400 kg, sono, come gli altri appartenenti al genere crocodilia altrove, i più grandi predatori degli habitat delle zone umide.

Vita nelle acque dolci

- **Il pesce polmonato africano** può sopravvivere anche se il suo stagno si asciuga. Scava nel fango sul fondo, secerne un bozzolo di muco protettivo e dorme fino al ritorno dell'acqua.

- **I pesci che vivono in laghi** e fiumi all'interno di grotte, come il caracin delle grotte messicano, perdono la vista perché vivono nel buio totale.

- **L'ornitorinco** è uno strano mammifero che depone le uova nei fangosi corsi d'acqua australiani. Trova le prede percependo i campi elettrici con il suo "becco" coriaceo.

- **Il cobo,** il sitatunga, e lo iemosco acquatico sono animali ungulati africani che vivono solo vicino all'acqua.

La Terra che vive

▼ *Il luccio del nord, lungo fino a 1,5 m, è il maggior predatore di molti fiumi e laghi più freschi. Può afferrare pesci di grandi dimensioni e tenerli interi nella sua enorme bocca.*

● **Le lontre e i visoni** sono predatori dei corsi d'acqua. Ottimi nuotatori, si sono adattati per poter catturare e nutrirsi di pesci.

● **I castori creano** il loro habitat d'acqua dolce abbattendo alberi per arginare i fiumi e creare stagni, in modo da poter costruire tane per proteggere i loro piccoli.

● **La larva della mosca drone** è chiamata verme dalla coda di ratto. Vive in acqua dolce stagnante e ha una lunga coda a forma di boccaglio per respirare aria dalla superficie.

● **Ci sono corrispettivi d'acqua dolce** di molti molluschi di mare come cozze e vongole. Le cozze d'acqua dolce producono anche perle, come quelle delle ostriche marine.

● **Le piante che crescono sui bordi** degli specchi d'acqua comprendono canneti, carici e giunchi. Le ninfee crescono in acque più profonde e il giacinto d'acqua galleggia in superficie.

● **Il giacinto d'acqua,** originario del Sud America, cresce più velocemente di quasi tutte le altre piante. Può coprire la superficie dell'acqua fino ad una profondità di un metro, soffocando tutte le altre forme di vita. È diventato un grande problema in tutto il mondo.

Habitat costieri

- **Gli habitat costieri iniziano** dove arriva l'alta marea dei litorali sabbiosi e rocciosi e si spingono fino al limite della zona poco profonda chiamata piattaforma continentale. Essi comprendono estuari, fiordi e barriere coralline.

- **Questi habitat costituiscono** circa il 7% della superficie dell'oceano, ma la maggior parte degli animali marini vivono qui e rappresentano il 30% della produttività dell'oceano (crescita degli esseri viventi).

- **Questa produttività** si basa sui produttori primari. Si tratta di alghe e minuscoli fitoplancton galleggianti, che usano la luce del sole per crescere e diventare cibo per tutte le creature costiere.

- **Gli estuari,** dove i fiumi incontrano il mare, sono habitat difficili ma altamente produttivi. L'acqua è salmastra - una miscela di acqua dolce e salata che cambia due volte al giorno con l'alzarsi e abbassarsi delle maree.

▼ In questo estuario di Taiwan, in Asia orientale, i pesci saltafango e i granchi violinisti affrontano le condizioni mutevoli delle maree, l'acqua dolce dei fiumi, il mare salato, le onde, i venti secchi, il calore tropicale e gli intensi acquazzoni.

La Terra che vive

- **Gli estuari forniscono un riparo** a molti pesci appena nati, e lo spesso fango composto da limo fornisce una tana ideale e ricca di nutrimento ai molluschi che scavano sotto terra.

- **Le barriere coralline si formano** in acque poco profonde dove piccole alghe che vivono all'interno del corpo del polipo corallino intrappolano l'energia solare attraverso il processo di fotosintesi.

- **Le spiagge sabbiose,** sono continuamente spostate dalle maree e dalle onde. Qui vivono leoni marini e foche, gabbiani e sterne, molluschi come vongole e littorine comuni, gamberetti, stelle marine, ricci di mare e molti vermi. Ogni anno le tartarughe depongono le uova nella sabbia.

- **Le spiagge di ghiaia o di ciottoli** sferzate dalle onde sono habitat difficili e instabili dove le alghe marine non crescono. Ma ci sono invertebrati, come gli isopodi, che vivono nelle pozze formate dalle onde del mare. Qui nidificano uccelli come il fratino.

- **Le coste rocciose** sono più stabili, anche se le onde col tempo erodono le rocce. I cirripedi e le cozze si attaccano alla superficie rocciosa tra le linee di alta e bassa marea. Nelle pozze rocciose vivono anemoni di mare, patelle, granchi, gamberetti e piccoli pesci.

- **Il kelp è un'alga lunga** composta sottili strisce che forma foreste sottomarine al di sotto del limite della bassa marea nei mari più freschi. Può crescere 30-60 cm in un giorno.

Vita in mare aperto

- **Il mare aperto** inizia ai margini della piattaforma continentale, dove il fondo marino scende improvvisamente lungo la scarpata continentale fino a maggiori profondità.

- **Il mare aperto** è diviso in tre zone: la zona bentonica sul fondo, la zona demersale al centro, e la zona pelagica più in alto.

- **La luce solare filtra solo** per circa 200-500 m attraverso l'acqua di mare, quindi la fotosintesi delle piante può avvenire solo in prossimità della superficie.

- **Minuscoli fitoplancton galleggianti** costituiscono la vita vegetale principale dell'oceano aperto. Essi vanno alla deriva con le correnti e costituiscono la base di tutta la vita animale in mare aperto.

- **Lo zooplancton si nutre** di fitoplancton. Lo zooplancton è costituito da larve (pesci non ancora sviluppati) di pesci, stelle marine, granchi e molti altri animali.

▼ *I delfini sono predatori veloci e agili che vivono in mare aperto, e che possono accelerare fino a 60 km/h per catturare pesci e calamari.*

La Terra che vive

- **Gli animali simili ai gamberi** chiamati krill si nutrono di tutte le forme di plancton e sono tra gli animali più numerosi al mondo.

- **Una "pioggia" di animali morti ed escrementi,** chiamata neve marina, affonda dagli strati superiori e nutre le creature degli strati sottostanti privi di luce.

- **Correnti calde** e differenze di salinità causano risalite di acque profonde che portano sostanze nutritive agli strati superiori, soprattutto in prossimità del bordo della piattaforma continentale.

- **Molte creature** si nutrono di questo cibo che circola filtrando le piccole parti commestibili. Tra questi filtratori si trovano gli squali balena, i coralli, i policheti e le spugne.

- **I pesci filtratori** come l'aringa attirano grandi pesci predatori come il tonno e gli squali, ma anche uccelli marini come le sterne e le berte al di sopra dell'acqua.

- **Il più grande filtratore** del mare aperto è anche la più grande creatura del mondo. La balenottera azzurra, che cresce fino a 30 m di lunghezza e pesa fino a 150 tonnellate, ogni giorno in estate filtra dall'acqua circa 40 milioni di krill.

Vita negli abissi

- **Gli abissi iniziano** dove la luce si affievolisce e le piante non possono più effettuare la fotosintesi. A seconda delle condizioni dell'acqua, al di sotto dei 500-1000 m è costantemente buio.

- **La pressione** negli abissi può essere 1000 volte superiore a quella in superficie, e le temperature sono solo 2-4 °C - tranne che nei condotti idrotermali dove l'acqua può raggiungere i 650 °C.

- **Ci sono solo tre fonti** di cibo in profondità: "neve marina" composta da animali morti ed escrementi che cadono dalle acque superficiali, condotti idrotermali e carcasse di balene chiamate "caduta di balena".

- **La neve marina** impiega diverse settimane per cadere sul fondo degli abissi, e buona parte viene consumata dai filtratori durante la discesa.

- **Ciò che resta della neve marina** forma un liquido nutriente sul fondo degli abissi. Vermi, lumache di mare, gamberetti, isopodi giganti, stelle marine, cetrioli di mare e ricci di mare scavano attraverso questa melma, alimentandosi man mano che procedono.

- **Quando una balena morta** affonda, arrivano in pochi minuti piccole creature, seguite da missiniformi, somniosidi e gamberetti. Possono volerci 50-100 anni perché la carcassa scompaia.

La Terra che vive

- **Creature chiamate nematodi mangia-ossa** o vermi zombie terminano una caduta di balena consumando anche le ossa.

- **La vita marina alle profondità maggiori** si trova nelle fosse oceaniche dove, nonostante l'estrema pressione, pesci piatti, gamberetti e meduse sono stati avvistati da sommergibili impegnati in esplorazioni di ricerca.

- **Le creature abissali** che vivono a mezz'acqua non incontrano mai una superficie dura e quindi i loro corpi possono essere di qualsiasi forma, e non hanno bisogno di uno scheletro perché l'acqua li sostiene.

  - **Molte creature abissali** usano la bioluminescenza, che permette loro di produrre luce che poi usano per trovare una preda o un compagno, o per evitare i predatori.

    - **Gli animali bioluminescenti** sono numerosissimi e variegati e includono le meduse pettine, le penne di mare, le meduse, i gamberetti e il krill, i calamari e molti pesci come il pesce lanterna, i pesci torcia, i pesci accetta e i pesci vipera.

    - **I più grandi invertebrati** del mondo sono il calamaro gigante e il calamaro colossale. Vivono negli abissi, raggiungono i 14 m di lunghezza e pesano più di 500 kg.

◄ *I feroci anoplogastridi possono nuotare fino a circa 5000 m di profondità nella Zona Abissale quando seguono la loro preda.*

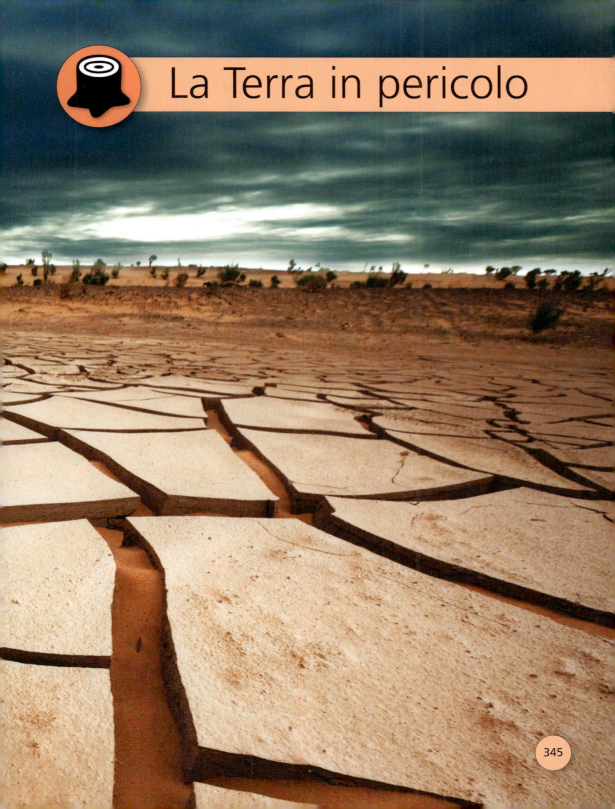

La Terra in pericolo

Riscaldamento globale

- **L'aumento generale** delle temperature medie in tutto il mondo è chiamato riscaldamento globale. Negli ultimi 100 anni la temperatura si è alzata di quasi 1 °C.

- **La maggior parte degli scienziati** ora pensa che il riscaldamento globale sia causato principalmente dalle attività umane, che hanno portato ad un aumento superiore all'effetto serra naturale della Terra.

- **L'effetto serra** è il modo in cui alcuni gas presenti nell'aria - in particolare anidride carbonica, ozono e metano - intrappolano parte del calore del Sole, come il vetro di una serra.

- **La Terra è riscaldata** dall'effetto serra naturale, in media a circa 15 °C, senza tale effetto la media sarebbe di meno 15 °C.

- **Se viene intrappolato troppo calore**, la Terra può diventare più calda: gli esperti prevedono un aumento di 4 °C delle temperature medie nei prossimi 100 anni.

- **L'uomo** aumenta l'effetto serra bruciando combustibili fossili,

▶ Se la Terra continua a riscaldarsi in inverno la calotta polare artica potrebbe ridursi alla metà delle dimensioni attuali.

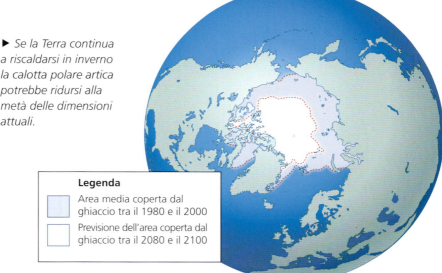

Legenda
- Area media coperta dal ghiaccio tra il 1980 e il 2000
- Previsione dell'area coperta dal ghiaccio tra il 2080 e il 2100

La Terra in pericolo

come il carbone e il petrolio, che producono anidride carbonica.

- **Le emissioni** di metano, gas a effetto serra proveniente dagli animali da allevamento di tutto il mondo, contribuiscono al riscaldamento globale.

- **Il riscaldamento globale** fa aumentare il volume degli oceani espandendoli. Può anche sciogliere gran parte delle calotte polari, inondando vaste aree pianeggianti su cui si trovano le principali città di tutto il mondo. Porterà anche cambiamenti climatici e condizioni meteorologiche più estreme.

> **LO SAPEVI?**
> Il clima sta cambiando più velocemente di quanto non abbia mai fatto in 10.000 anni. Ognuno dei decenni 1980, 1990 e 2000 ha raggiunto il record di calore.

▼ In Groenlandia, gli scienziati scavano in profondità nel ghiaccio e nel terreno sottostante per estrarre campioni, che contengono indizi sui cambiamenti climatici del passato.

347

Cambiamenti climatici

- **Il clima terrestre** è cambiato nel tempo, diventando più caldo, più freddo, più umido o più secco. Ci sono molte teorie sul perché questo accada.

- **Un modo per vedere** come il clima è cambiato prima che venissero registrati i dati meteorologici è quello di osservare gli anelli di crescita nei vecchi alberi. Gli anelli larghi mostrano la buona crescita di un'estate calda.

▼ Alcuni cambiamenti meteorologici sono legati alle fluttuazioni delle macchie solari, cioè macchie scure sul Sole che possono provocare cattivo tempo sulla Terra.

La Terra in pericolo

- **Un altro modo di conoscere** il clima del passato è quello di esaminare i sedimenti antichi nei laghi e nei mari alla ricerca di resti di piante e animali che prosperano solo in determinate condizioni.

- **Un altro metodo** consiste nell'estrarre campioni da ghiacciai e calotte di ghiaccio, dove sono intrappolati gas atmosferici, polline e polvere di epoche passate.

- **Una delle cause** dei cambiamenti climatici possono essere gli spostamenti dell'orientamento della Terra nei confronti del Sole. Questi spostamenti sono chiamati cicli di Milankovitch.

- **Tra i cicli di Milankovitch troviamo**: il cambiamento di forma dell'intera orbita terrestre intorno al Sole, in un ciclo di 100.000 anni; il leggero aumento o diminuzione dell'inclinazione dell'asse terrestre mentre la Terra orbita intorno al Sole, in un ciclo di 40.000 anni; la lieve oscillazione, o precessione, di questo asse mentre il pianeta gira, in un ciclo di 21.000 anni.

- **Il clima può essere influenzato** da macchie sul Sole, dette macchie solari il cui ciclo vitale dura 11 anni.

- **I climi possono raffreddarsi** quando l'aria contiene polvere proveniente da eruzioni vulcaniche.

- **I climi locali possono cambiare** a causa della deriva dei continenti. Un tempo l'Antartide si trovava ai tropici, mentre New York, negli USA, una volta aveva un clima tropicale desertico.

- **I climi possono diventare più caldi** quando i livelli di certi gas nell'aria aumentano, per esempio, per colpa di eruzioni vulcaniche di massa, e come sta accadendo oggi con i gas serra.

Inquinamento

- **L'inquinamento atmosferico è causato principalmente** dagli scarichi dei veicoli, dai bruciatori di rifiuti, dalle fabbriche, dalle centrali elettriche e dalla combustione di petrolio, carbone e gas.

- **Anche gli spray pesticidi per le colture**, gli animali da allevamento, le miniere e le industrie pesanti contribuiscono all'inquinamento atmosferico.

- **Alcuni inquinanti**, come fuliggine e cenere, sono solidi come piccole particelle o particolati, ma molti altri inquinanti sono gas.

- **L'inquinamento atmosferico si può diffondere** percorrendo distanze enormi. Per esempio, sono state scoperte tracce di pesticidi in Antartide, dove non sono mai stati utilizzati.

- **La maggior parte dei combustibili è costituita** da sostanze chimiche chiamate idrocarburi (idrogeno e carbonio). Gli idrocarburi lasciati incombusti negli scarichi dei veicoli possono reagire alla luce del sole e formare ozono tossico a livello del suolo.

La Terra in pericolo

- **Quando i gas di scarico reagiscono** alla luce solare per formare ozono, possono creare uno smog fotochimico dannoso.

- **L'inquinamento atmosferico** è tra le cause principali del riscaldamento globale e ha danneggiato lo strato di ozono dell'atmosfera che protegge la superficie dai dannosi raggi ultravioletti del Sole.

- **Respirare aria inquinata** nelle grandi città è considerato dannoso quanto fumare 20 sigarette al giorno.

▶ *La maggior parte delle emissioni di gas prodotte dalle centrali elettriche o dai camini (in alto a destra) vengono ora filtrate o "pulite" per ridurre l'inquinamento.*

Acidi e ozono

▲ Molti alberi vengono uccisi dalle piogge acide, che diventano acide a causa dell'inquinamento atmosferico, causato dalla combustione di combustibili fossili.

- **Tutta la pioggia è leggermente acida**, ma l'inquinamento atmosferico può trasformare la pioggia in nociva e corrosiva pioggia acida.

- **Le piogge acide si formano** quando la luce solare fa combinare l'anidride solforosa e l'ossido di azoto con l'ossigeno e l'umidità dell'aria.

- **L'anidride solforosa** e l'ossido di azoto provengono principalmente dalla combustione di combustibili fossili - carbone, petrolio e gas naturale.

- **In alcune regioni sviluppate** come l'Europa e il Nord America, le piogge acide sono state drasticamente ridotte dalle normative governative per ridurre le emissioni di anidride solforosa dalle centrali elettriche.

La Terra in pericolo

- **Le piogge acide danneggiano** le piante prelevando sostanze nutritive dalle foglie e bloccando l'assorbimento di azoto.

- **Il 20%** degli alberi in Europa, e fino al 50% degli alberi in alcuni luoghi, sono stati danneggiati dalle piogge acide.

- **La vita sulla Terra** dipende dallo strato di ozono presente nell'aria, che protegge la Terra dai raggi ultravioletti (UV) del Sole.

- **All'inizio degli anni '80** del 1900, gli scienziati notarono una perdita di ozono sopra l'Antartide, che raggiungeva il suo apice ogni primavera.

- **La perdita, l'impoverimento o il diradamento** dell'ozono era causato principalmente dai gas fabbricati, in particolare dai clorofluorocarburi (CFC).

- **La maggior parte dei CFC sono stati vietati** negli anni '90 del 1900, e lo strato di ozono si sta riparando, anche se molto lentamente.

- **Ci vorranno forse** altri 100 anni prima che lo strato di ozono ritorni quasi allo stato naturale.

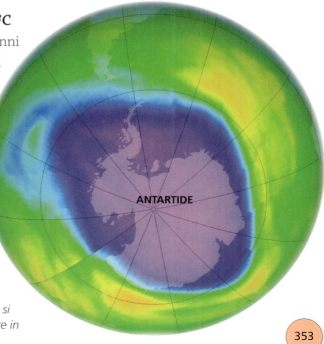

▶ L'area assottigliata di ozono (in blu) rappresenta la perdita di densità di ozono sul Polo Sud. Negli ultimi anni si è stabilizzata e potrebbe essere in diminuzione.

Siccità e desertificazione

- **La siccità è un lungo periodo** in cui cade troppo poca pioggia.
- **Durante la siccità** il suolo si asciuga, i corsi d'acqua smettono di scorrere, i livelli delle acque sotterranee della falda freatica si abbassano e le piante muoiono.
- **I deserti soffrono di una siccità** permanente. Molti luoghi tropicali hanno siccità stagionale, con lunghe stagioni secche.
- **La siccità è spesso accompagnata** da alte temperature, che aumentano la perdita d'acqua per evaporazione.
- **In Nord America**, la Grande Siccità del 1276-1299 distrusse le città delle civiltà native del sud-ovest, chiamate l'antica cultura Pueblo, e le città furono abbandonate.
- **Negli anni '70 del 1800** la grave siccità in Cina uccise i raccolti e il bestiame, e si stima che nove milioni di persone morirono.

▼ Nei periodi di grande siccità, anche le pozze d'acqua si seccano, lasciando solo fango screpolato.

La Terra in pericolo

▲ *Nel 1973 il lago Ciad (blu scuro, in alto a sinistra) copriva circa 25.000 km quadrati nell'asciutto Nord Africa. Nel 2007 le ripetute siccità, la desertificazione e l'uso dell'acqua per l'irrigazione ne hanno devastato l'estensione (in alto a destra).*

- **Tra il 1931 e il 1938**, la siccità ridusse le Grandi Pianure degli Stati Uniti a un deserto: il terreno si prosciugò e divenne polvere soffiata dal vento. Si verificò un altro periodo di siccità dal 1950 al 1954.

- **La desertificazione** è la diffusione delle condizioni desertiche alle praterie circostanti. È causata dai cambiamenti climatici e dalle attività umane correlate, come l'allevamento di troppi capi di bestiame e il tentativo di coltivare troppe specie.

- **Combinata con l'aumento** del bestiame e della popolazione, la siccità ha messo sotto pressione la regione del Sahel, a sud del Sahara, in Africa, causando una desertificazione diffusa.

- **La siccità ha causato** ripetute carestie nel Sahel, soprattutto in Sudan ed Etiopia.

- **La siccità nel Sahel** può essere in parte innescata da El Niño, un'inversione delle correnti oceaniche nell'Oceano Pacifico, al largo del Perù, che avviene ogni due o sette anni.

LO SAPEVI?
Alla fine degli anni '90 del 1900 il lago Ciad in Nord Africa si è ridotto ad appena il 5% delle sue dimensioni negli anni '70, ma da allora si è ampliato.

355

Sovrapproduzione agricola

- **L'agricoltura intensiva** si ha quando la terra è sfruttata in misura tale da diventare inadatta ad un ulteriore coltivazione: si produce più cibo possibile nella minor superficie aumentando l'uso di macchine e prodotti chimici come fertilizzanti e pesticidi.

- **L'allevamento in batterie** è l'allevamento di molti animali in piccoli recinti, di solito al chiuso. Le aziende agricole producono il 70% delle uova del mondo, il 75% del pollame, il 40% della carne bovina e il 50% della carne suina.

- **La quantità di cibo** che questi animali mangiano è mantenuta al minimo livello ottimale e la loro salute è controllata con i farmaci, ma il loro benessere viene considerato meno importante.

- **Il degrado del suolo** è il risultato della rimozione delle piante che ricoprono, proteggono, arricchiscono e tengono compatto il suolo.

- **Il pascolo intensivo permette** a troppi animali (come le capre) di pascolare continuamente senza lasciare il tempo alla terra di recuperare. Questa pratica consuma le sostanze nutritive ed espone il terreno all'erosione.

- **Gli animali che pascolano** nei pascoli impoveriti peggiorano le loro condizioni fisiche, producendo meno latte o carne, e hanno meno probabilità di generare prole sana.

- **Il degrado della terra** si traduce infine in desertificazione: la terra fertile diventa deserto. Probabilmente questo fenomeno colpisce più di 10 milioni di chilometri quadrati.

- **La povertà spinge** verso il degrado della terra perché troppe persone non hanno altra scelta che cercare di produrre più cibo dal suolo che si è esaurito.

La Terra in pericolo

- **La deforestazione**, quando gli alberi vengono abbattuti per la produzione di legname e per creare campi per le colture o per il pascolo del bestiame, degrada anche i terreni.
- **Alcune indagini stimano** che due terzi di tutti i terreni agricoli utilizzabili sono ormai degradati.

▼ *L'agricoltura intensiva coinvolge piante (qui in serra) o animali allevati in gran numero, a stretto contatto, in condizioni altamente controllate di calore, luce, aria, acqua e cibo - il tutto utilizzando grandi quantità di denaro, materiali e risorse.*

357

Risorse che scompaiono

- **Le risorse naturali** sono sostanze che l'uomo usa per produrre l'energia, per l'alimentazione o per l'industria. Alcune sono rinnovabili, altre no.

- **Risorse come l'energia solare** ed eolica e l'energia geotermica non si esauriscono, ma si rinnovano naturalmente.

- **Risorse energetiche** come il carbone e il petrolio possono durare solo per un altro secolo o due alla velocità di utilizzo attuale.

▼ Nello stato del Mato Grosso, Brasile, i lavoratori installano un serbatoio per immagazzinare l'acqua pulita pompata da un nuovo pozzo. Le acque superficiali locali possono essere molto inquinate dalle attività minerarie e agricole.

La Terra in pericolo

- **Pratiche agricole inadeguate** possono comportare un arresto della produzione alimentare perché la terra, altra risorsa naturale, ha perso la sua fertilità.

- **Un'altra risorsa alimentare** a rischio sono i pesci e i crostacei. La pesca eccessiva fa sì che i pesci non siano in grado di riprodursi abbastanza velocemente per recuperare il numero di esemplari. La pesca del merluzzo bianco dell'Atlantico è crollata del 90% negli anni '90 e mostra pochi segni di ripresa.

- **L'acqua dolce pulita**, utilizzata per bere, lavare, abbeverare gli animali e irrigare, può alla lunga diventare molto scarsa. Entro il 2050, fino a un quarto della popolazione mondiale potrebbe non avere accesso all'acqua potabile pulita.

- **L'aria pulita è una risorsa** che non si esaurirà nel lungo termine. Ma l'aria può diventare così inquinata, come in Cina, da causare malattie e impedire la crescita di piante per uso alimentare.

- **I metalli provengono da rocce** chiamate minerali che si trovano nel terreno e che non sono rinnovabili. Il ferro, ad esempio, può esaurirsi in 100-150 anni al tasso di utilizzo attuale.

- **Il fosfato è un elemento essenziale** che viene utilizzato per produrre fertilizzanti per la coltivazione. Può bastare solo per altri 100-200 anni.

- **Anche alcuni elementi chimici** chiamati terre rare, essenziali per gli attuali dispositivi elettrici, dagli smartphone alle turbine eoliche, hanno una durata limitata, stimata in 250 anni o meno.

Specie a rischio di estinzione

- **L'Unione Internazionale per la Conservazione della Natura**, IUCN, è la principale organizzazione che valuta quali specie di animali e piante sono in pericolo di estinzione.
- **Più di 3000 animali** e 2600 piante - oltre il 40% di tutte le specie studiate - sono sulle Liste Rosse delle specie minacciate.

▼ Tra i grandi animali più a rischio ci sono i rinoceronti. Ci sono meno di 300 rinoceronti di Sumatra rimasti nel mondo. Valutati dalla IUCN come CR, criticamente in pericolo, sono tragicamente destinati all'estinzione.

La Terra in pericolo

- **L'IUCN classifica** le specie come EX estinte, EW estinte in natura, CR a rischio critico, EN a rischio, VU vulnerabili, NT minacciate o LC non minacciate.

- **Altre categorie comprendono** specie i cui dati sono carenti DD, quando le informazioni sono insufficienti per esprimere un giudizio, e NE non ancora valutate.

- **Gli animali selvatici sono stati cacciati** per migliaia di anni, principalmente per il cibo, ma anche per pellicce alla moda, piume, pelli, squame, oli, medicine tradizionali o polveri afrodisiache.

- **Alcune di queste sostanze** e materiali valgono grandi somme di denaro in alcuni paesi e quindi il bracconaggio e il commercio illegale sono difficili da prevenire.

- **Una volta le balene venivano cacciate** per il loro grasso e la loro carne. Ora la maggior parte dei paesi rispetta il divieto globale di caccia alle balene e il numero di balene sta lentamente aumentando.

- **Il cambiamento climatico** e la perdita di habitat stanno mettendo in pericolo molti animali, riducendo le aree idonee in cui possono vivere.

- **L'attuale perdita di animali** e piante è chiamata estinzione di massa olocenica. I ritrovamenti di fossili suggeriscono che si tratta dell'evento di estinzione più veloce di sempre.

- **Si stima che** fino al 40% di tutte le specie del pianeta potrebbe scomparire nei prossimi 100 anni.

- **Le estinzioni attualmente causate** dall'attività umana sono chiamate crisi biotica. Se le estinzioni di massa del passato possono essere considerate un esempio della situazione attuale, la Terra potrebbe impiegare 5-10 milioni di anni per riprendersi.

Conservazione

- **La conservazione ha lo scopo di proteggere** i luoghi naturali e selvatici e i loro animali e piante.

- **L'allevamento in cattività** è un modo per mantenere in vita una specie fornendole un ambiente sicuro per riprodursi fino a quando può essere rilasciata nel suo habitat, se e quando tale habitat è sicuro.

- **Ci sono molti problemi** con l'allevamento in cattività, come ad esempio possibili incroci o animali che non imparano a sopravvivere in natura.

- **Se non esiste un habitat adatto** a reintrodurre gli animali prodotti, l'allevamento in cattività non può avere successo.

- **I giardini zoologici e gli altri centri di riproduzione** si scambiano gli animali di una specie con il minor legame di parentela in modo che possano riprodursi per garantire la massima variazione genetica.

- **Le riserve naturali**, dove gli animali selvatici sono protetti insieme al loro habitat, sono state istituite in tutto il mondo sulla terraferma e in mare.

- **Alcuni ambientalisti** temono che si spenda molto denaro per pochi animali iconici. Essi suggeriscono che sacrificare alcuni di questi animali, potrebbe dare una possibilità di sopravvivere a piante e funghi meno conosciuti.

- **Alcuni esperti affermano** che è più importante proteggere interi ecosistemi - animali, piante e ambiente in cui vivono - piuttosto che singole specie.

La Terra in pericolo

▲ *Parte del successo della conservazione è dovuta alla conoscenza delle abitudini, dei movimenti e dell'alimentazione di un animale. Questa tartaruga embricata è dotata di un trasmettitore che segue i suoi viaggi.*

- **Altri sostengono che le campagne** per conservare un animale particolare e famoso in natura, come il panda, il gorilla, il rinoceronte o la tigre, hanno più successo con il pubblico che con le campagne generali e hanno lo stesso risultato finale.

- **Il primo mammifero medio-grande** annunciato come estinto nel terzo millennio è stato il baiji o delfino del fiume Yangtse.

Il futuro della Terra

- **Entro il 2050 potrebbero esserci 9-10** miliardi di persone. Si tratterà per lo più di giovani nei paesi in via di sviluppo e sarà difficile produrre cibo a sufficienza per tutti.

- **Gli esseri umani possono estinguersi** a causa della carestia globale, di nuove malattie, di un incidente nucleare, di guerre, dell'effetto serra in aumento, dell'esaurimento di risorse essenziali, di catastrofi impreviste o di una combinazione di questi fattori.

▼ Esistono molti progetti fantasiosi per le future "città verticali", con piante che crescono in "fattorie". Tuttavia le risorse necessarie e i costi sarebbero giganteschi. Il vero futuro sarà probabilmente molto più "a bassa tecnologia".

La Terra in pericolo

- **La Terra può essere colpita** da corpi celesti, per esempio un enorme asteroide.

- **Considerando il riscaldamento globale**, la Terra potrebbe entrare nella prossima era glaciale tra 50.000-100.000 anni.

- **Nel giro di 500 milioni di anni**, i livelli di anidride carbonica possono diminuire man mano che il Sole diventa più caldo e più luminoso, impedendo così la fotosintesi delle piante.

- **L'inclinazione della Terra può variare** di ben 90 gradi nei prossimi miliardi di anni, alterando drasticamente le stagioni man mano che gli oceani evaporano e le placche tettoniche si arrestano.

- **Entro 2,3 miliardi di anni** la Terra perderà il suo "scudo" magnetico che la protegge dalle radiazioni solari. La vita rimanente sulla Terra finirà.

- **Tra 5-7 miliardi di anni** il Sole si espanderà nella sua fase di gigante rossa e assorbirà i pianeti interni di Mercurio, Venere e la Terra.

- **Tali eventi cosmici** nel lontano futuro sono probabilmente impossibili da influenzare per gli esseri umani. Ma possiamo fare moltissimo oggi per assicurare un ambiente migliore per i secoli a venire.

- **Le energie rinnovabili**, la diminuzione dei rifiuti, l'aumento del riciclaggio, una produzione alimentare più efficiente con diete più sane a base vegetale, la conservazione e la condivisione delle risorse, degli habitat e della fauna selvatica - e, secondo alcuni, una crescita della popolazione più lenta - possono aiutare il nostro pianeta Terra a sostenerci nelle generazioni future.

Indice analitico

Indice analitico

Le voci in **grassetto** si riferiscono ai contributi principali; le voci in *corsivo* si riferiscono alle illustrazioni.

A

Abisso di Milwaukee 191
Abissi **178-179, 342-343**
Acido carbonico 103
Acqua da inondazione 287
Acqua del sottosuolo 90, 119, 129
Acqua di fusione 111, 217, 233, 234, 238,
Acqua dolce 152, 197, 224, 242, 246, **308-309**, **336-337**, 359
"Acqua fossile" 246, 250
Acqua salata 152, 164, 172, 184, 224
Acqua salmastra 338
Acque profonde 184
Aereo a reazione 302
Affluenti 106, 217, 222, 224, 226, 230, 242
Africa 54, 132, **136-137**, 208, 209
Afro Eurasia 132
Agricoltura 21, 227, 296, 308, 309, **310-311**, 347, 350, 355, **356-357**, 359
Agricoltura intensiva 356, *357*
Albedo 259
Alberi decidui 322, 324
Aleutine *59*, 195
Alghe 155, 339
Alisei 206
Allevamento in batteria 356
Alligatori *335*
Alluminio 33, 35, 297, 302
Alpi *68-69*, 134, **204-205**
Alta marea 167
Altocumuli 262

Altopiano del Colorado *98-99*, 215
Altopiano tibetano *139*, 197
Altostrati 262
Amasia 55
Ambienti urbani 319
Ambra 29, 35, 302
America 132, 150, 208, 209
Ametista 205, 302
Ande 67, 68, 69, 148, 149, 195, **198-199**
Anelli degli alberi 27, 348
Animali,
    abissali **342-343**
    aree umide **334-335**
    conservazione **362-363**
    costieri **338-339**
    deserti 332, 333
    evoluzione 23
    fattoria 309, 310, 347, 356
    foreste 322, 323, 324, 325, 327
    habitat d'acqua dolce 245, 334, **336-337**
    marini 174, 175, 181, **340-343**
    montagne 67, *198*
    regioni polari 145, **328-329**
    specie indicatrici 334
    specie minacciate **360-361**
    praterie 330, 331
Annapurna 218
Anidride carbonica 27, 72, 100, 103, 254, 305, 313, 346, 365
Anoplogastridi *343*
Anse 173
Antartide 122, 132, 140, **144-145**, 150, 162, 177, 210-211, 250, 308, 328, 349, 353
Anticicloni 273
Anticlini 65
Apostoli 173
Appalachi 146
Ara macao *323*
Archi 172, *172*

Indice analitico

Archi vulcanici 67
Ardesia 41
Ar tes 127
Argento 199, 209, 296
Argon 254
Arroyos 123
Artide 176, 328
Ascension island 155, 212
Asia 55, 132, **138-139**
Astato 33
Asteroidi 13
Atenosfera 52
Atlante 137, 154, **208-209**
Atmosfera 13, 32, **254-255**, 292
Aurora Australis 257
Aurora Borealis 256, 257
Aurore *255*, **256-257**
Australia 25, 132, **140-141,** 142, 150, 158
Autotrofi 316
Azoto 254
Azzorre 155, **155**, 212

B

Bacino di assorbimento dell'anidride carbonica 313
Baie 171, *172*, 173
Baia del Bengala 173, 234
Baia di Fundy 167
Baia di Hudson 173
Balenottere azzurre 341
Banchi costieri 173
Banchi di sabbia 113
Barcane 122, *122*
Barometro 273
Bar 173
Barriera corallina della Nuova Caledonia 175
Barriera corallina mesoamericana 175
Barriere coralline 27, 143, 161, **174-175**, 320, 339

Basalto 37, 38, 51
Bergshrund 124
Berma 171
Berma di tempesta 170
Biocombustibili 307, 310
Biodiversità **320-321**, 331, 334
Bioluminescenza 343
Biomassa 325, 331
Biomi **318-319**
Blocchi di faglia 67
Blocchi di Horst 63
Blue Mountains 207
Bombe "a crosta di pane" 79
Bombe vulcaniche *73*, 79
Borneo 151
Brezze 276
Brina 266, 270
Bufere **282-283**
Burren *102*
Buttes 123

C

Caccia alle balene 361
Cactus 332, *333*
Cadute di balena 342-343
Calcare 41, 42, 100, **102-103**, 104, 215, 239, 297
Calcare di Kaibab 215
Caldera 73, *75*, *238*, 239
Cale 173
Calotte di ghiaccio 24, 25, 145, 346, 347
Cambiamenti climatici 347, **348-349**, 361
Cambiamenti nel paesaggio **98-99**
Camere magmatiche 72, 73
Cancun *170-171*
Canna da zucchero 307, 310
Canyon di Bicaz 219
Canyon e gole 99, 103, 11, 147, **214-219**
Carbonatazione 103
Carbonato di calcio 104, 174

369

Carbone 23, 33, 35, 36, 42, 201, 202, 203, 209, 211, 296, 301, 304, 305, 358
Carnivori 316
Carote di ghiaccio 27, 250, *251, 347*, 349
Carso 103
Cascate **114-115**, 230, *271*
   Angel 115
   del Niagara 115, *147, 241*
   Livingston 230
   Vittoria 115, *115*
Cataratte *231*
Catene di isole 59 *vedi anche voci individuali delle isole*
Catene e reti alimentari 316
Caverne 103, 104, *105*
   di Carlsbad *105*
Celle fotovoltaiche 307
Ceneri 79
Challenger Deep 188, *189*
Chron 22
Cicli di Milankovitch 349
Ciclo dell'acqua 308
Ciclo della roccia 36-37
   erosione 36, **100-103**, 104, 108, 109
   sedimentaria 36, 40, **42-43**, 204
Cicloni 273
Cintura alpina 195
Cintura di fuoco 195, 199
Circhi 125, *125*, 127
Circolazione termoalina 184
Circolo antartico 149
Circolo artico 146, 248
Cirri 262, 274, *275*
Cirrocumuli 262
Cirrostrati 262
Clima 290
   continentale 290
   mediterraneo 134, 290
   monsonico 290
   montano 290
Climi oceanici 290
   polari 290
   temperati 290
   tropicali 290
Clorofluorocarburi (CFC) 353
Cobalto 312
Colline **108-109**, 123
Colombia 321
Coltivazioni di cereali 310
Combustibili fossili 35, **304-305**, 347, 352
   vedi anche carbone, gas, petrolio
Condensazione 260, 262, 264, 269, 308
Condizioni periglaciali 129-129
Condor *198*
Coni di cenere 74
Conservazione **362-363**
Consumatori primari 316
Consumatori secondari 316
Continental divide 201
Continenti,
   definizione di **132-133**
   subcontinenti 132
   supercontinenti 54, 55, 132, 140
   vedi anche le voci individuali
Contrafforti collinari 127
Copertura (foresta) 323
Copper Canyon 218
Cordigliera americana 195, 201
Cordigliera artica 195
Cordigliere 195
Corindone 302
Corno d'Africa *50*
Corrente circumpolare artica 163
Corrente del Golfo 21, *182*, 183
Correnti 21, 153, 159, 163, 164, **182-185**, 341, 355
   di superficie **182-183**
   profonde **184-185**
   a getto 275
   convettive 48, 56

Indice analitico

Coste,
    piante e animali **338-339**
    rocciose **172-173**, 339
    sabbiose **170-171**, 339
Cox's Bazaar 171
Crepacci 124, *125*
Crescita demografica 364
Cresta Tore-Madeira *213*
Criosollevamento 129
Cripton 254
Crisi biotica 361
Cristalli 34, 38, 46, 205, 302-303
    ricristallizzazione 41
Cristalli di ghiaccio 262, 266, 268, *269*,
    270, 278
Crosta
    continentale 51
    oceanica 51
Cumulonembi 262, 266, *275*, 278
Cumuli 262, 275
Cuspidi delle spiagge 171

D

Death Valley 146
Decompositori 317, 322, 324
Deforestazione 21, 319, 357
Deformazione interna 125
Degrado del terreno 356, 357
Delfini *340*
Delta 119, 217, 227, 229, 234
Depressioni 273, 274, 275
Deriva dei continenti **54-55**, 349
    glaciofluviale 127
    litorale 173
    nord atlantica 134, 183
Deserti 98, **122-123**, 136, 138, 140, 183,
    318, **332-333**
Desertificazione 281, 319, 354, 355,
    356
Deserto della Baja California 183
    di Atacama 183

Detritivori 317, 324
Diabase 37
Diamanti 202, 296, 300, 302, *302,* 303,
    312
Diatomee 188
Diffusione dei fondali 49, 60-61, *61*, 159,
    161, 212
Diga di Assuan 227
Dighe 227, 229, 230, 233, 307
Diorite 37
Dinosauri 23, *26*
Distaccamento degli iceberg 176
Doline 103
Dorsale medio atlantica 60, 61, *154*, 155,
    212-213
Dorsale pacifico antartica 60, 61, 161
Dorsali medio oceaniche 60, 180, 195
Drauchenhauchloch (grotta) 120
Drumlins 127
Dune di sabbia 122, *122*, 137, 215
Dust Bowl 281, 355

E

East wind drift 163
Eclissi solari 17
Ecosistemi 175, **316-317**, 320, 362
Effetto serra 346, 347
Eiger 205
Elettricità *207*, 230, 236, 239, 278, 307,
    309
Elio 254
Ellesmare island 151
El niño 355
Ematite 35, *300*
Emisfero
    meridionale 152, 182, 274, 276, 289
    settentrionale 152, 182, 184, 274, 276,
    288, 289, 325
Energia
    eolica *306*, 307, 358
    geotermica 306, 358

nucleare 307
solare 307, 358
Energie rinnovabili **306-307**, 312, 358, 365
Eone precambriano 22, 23, 200, 208
Eoni 22
Epicentro 83
Epilimnio 184
Equatore 19, 290, 322
Era
    cenozoica 22, 209
    mesozoica 22, 209
    paleozoica 22, 208
    glaciale del pleistocene 24
Ere glaciali **24-25**, 140, 365
Erbivori 316
Erg 122, *123*
Erosione 36, 39, 42, 98, 99, **100-103**, 104, 108, 109, 111, 114, 173, 197, 205, 281
Eruzioni
    peleane 75
    pliniane 75
    stromboliane 74
    vulcaniane 74
Esker 127
Esosfera 254, 255
Estinzione di massa dell'olocene 361
Estinzioni 319, 321, 361, 363, 364
Estuari 222, 224, 334, 338-339
Etanolo 307, 310
Eterotrofi 316
Eurasia 150, 203
Europa 54, 132, **134-135**, 209
Evaporazione 164, 238, 260, 308, 332
Everest 66, 67, 139, *196*, 197

F

Faglia di Hayward *91*
Faglia di San Andrea *62*, 63
Faglie **62-63**

Faglie
    di compressione 62
    di tensione 62, 63
    dip-slip 63
    normali 63
    trasformi 57, 60
Faraglioni 172, *172*, *173*
Fault-slip 191
Feldspato 35, 38
Ferro 12, 32, 33, 35, 44, 46, 181, 199, 203, 205, 209, 296, 301, 302, 312, 359
Fessure vulcaniche 74
Fiocchi di neve 268
Filtratori 341
Fiordi 338
Fiordo di Russel 239
Fiori di ghiaccio 270
Fiori di neve 270
Firn 124, *125*
Fish River Canyon 218
Fitoplancton 338, 340
Fiume
    Brahmaputra 197, 234
    Chambeshi 230
    Colorado *99*, 111, 201, 214
    Columbia 201
    Congo 119, **230-231**
    Enisej **236-237**, 242
    Finke 222
    Gange 197, **234-235**
    Giallo 116
    Gilgit 216
    Kani Bil 222
    Lulaba 230, *231*
    Lukunga 246
    Mackenzie 248
    Madeira 222
    Meghna 234
    Mosa 222
    Nilo 116, 222, **226-227**, 309

Indice analitico

North Fork Roe 223
Ob 22-223, *223*
Platte 201
Yangtse 139, 219, *219*, **232-233**
Fiumi **106-107**, 114, **222-223**
  canali 111, **112-113**
  delta 119, 217, 227, 229, 234
  estuari 222, 224, 334, 338-339
  sottodimensionato 111
  vedi anche voci individuali
Flusso elicoidale 113
Foche 242, *243*
Foresta pluviale 136, 140, 148, 230, 281,
  316, 318, 320, 321, **322-323**, 325
Foresta pluviale amazzonica 148, 230,
  281, 323
Foreste 259
  di conifere 138, 318, 325, 327
  pluviali 136, 140, 148, 230, 281, 316,
    318, 320, 321, **322-323**, 325
  boreali 318, **326-327**
  montane 322
Foschia **264-265**, *269*
Fosfato 359
Fossa
  del Cile e Perù
  delle Filippine 186
  delle Marianne 58, 161, 178, 186, **188-189**
  di Atacama 187
  di Giava 158
  di Kermadec 186
  di Kuril-Kamchatka 186
  di Porto Rico 155, **190-191**
  di Tonga 186
  giapponese Izu-Ogasawara 186
  Romanche *213*
Fosse oceaniche 58, 161, 178, *179*, **186-191**, 343
Fossili 22, *28*, **28-29**, 42, 55, 145,
  215

Fossili indicatori 29
Fotoni 257
Fotosintesi 339, 340, 365
Frane 82, 94
Frangiflutti 168, *172*
Frantumazione da gelo 100
Freddo **128-129**, **270**
Fronte di erosione basale 100
Fronti caldi 274, *275*
Fronti freddi 274, 275, *275*, 284
Fronti meteorologici 265, 266, **274-275**
Fulmine forcuto 278
Fulmini 278, *279*
Fumarole nere **180-181**, 342
Fuoriuscita 178, 188, 342

G

Gadolinio 296
Gas 35, 36, 201, 203, 209, 296, 305,
  312, 350
Gas serra 27, 305, 310, 349
Geodesia 18
Geoide 18, 19
Geologia **22-23**, 36
Gemme 203, 296, **302-303**
Geyser 81, *146*
Ghiacciai 21, 25, 27, 39, 99, 111, 120,
  124-127, 128, 144, 148, 205, 211,
  238, 241
Ghiacciaio
  di Beardmore 211
  di Jakobshavn 127
  di Jungersen 176
  Perito Moreno *148*
  Peterman 176
  pedemontani 125
Ghiaccio 101, 124, 128, 196, 259, **270-271**, 308
Ghiaccioli *271*
Ghiaccio
  marino 156, *157*, 162, 184

nero 270
veloce 156
Ghiaia 170, 173, 297, 312, 339
Giacinti d'acqua 245, 337
Giaguari *149*
Gibilterra *135*
Glaciali 24, 25
Gneiss 36, 41, 51
Gnu *330*
Gola di Yarlung Tsangpo 218
Gole *vedi* canyon e gole
Gole dell'Indo **216-217**
Gole di Kali Gandaki 218
Golfo 173
del Messico 146
persico 159
Gondwana 132, *133*, 140
Graben 63
Granato 302
Gran Bretagna 151, 284
Gran Chaco 149
Grand Canyon 111, 147, **214-215**
Grande barriera corallina 143, 175
Grande catena divisoria 141, **206-207**
Grande lago degli orsi **248-249**
Grandi laghi 147, 238, **240-241**, 309
Grandine 266, **269**
Granito 38, *39*, 51
Gravimetria 299
Gravità 12, 17, 21, 44, 167, 299
Great Australian Bight 173
Great pacific garbage patch 313
Great Rift Valley 63, 137, *137*, 246
Green Revolution 311
Groenlandia *150*, 151, 219
Grotta
del Leone 301
di Jeita 104
di Krubera 104
Grotte **104-105**, 172, 336
Guyot 178

Gyres 182, 183

H

Halite 42
Hamada 122
Highlands orientali *vedi* Grande catena divisoria
Himalaya 67, 69, 138, 139, **196-197**, 234
Homo sapiens 136, 364
Honshu 151
Hot spot **80-81**, 147, 321

I

Iceberg 162, *163*, **176-177**
Incendi 85, 330
Indagini geofisiche 299
India 55, 139, 158
Indice di esplosività vulcanica (VEI) 77
Idrocarburi 350
Idroelettricità *207*, 230, 236, 239, 307, 309
Inga falls 230
Inghiottitoi 103, 104, 239
Innalzamento continentale 178
Inondazioni **116-117**, 119, 227, 347
Inondazioni improvvise 116, 123
Inquinamento 175, 235, 236, 265, 308, 313, 319, **350-351**, 352, 359
Insolazione 259
Intenso bombardamento tardivo (LHB) 13
Interferometria a lunga base (VLBI) 55
Interglaciale pleistocene emiano 27
Interglaciali 24, 26, 27
International Ice Patrol 177
Interstadio di Bølling-Allerød 27
Intervalli sismici 90
Involuzioni 128
Ipertermali 26
Ipocentro 83
Ipolimnio 185
Irrigazione 227, 235, 308, 311, 355

374

Indice analitico

Islanda 212
Isobare *272*, 273
Isola
   di Baffin 151
   di Pasqua 143, *160*
   Midway 161
Isole
   150-151, 155, 159, 161, 188, 212, 241
   coralline 159, 161
   del Pacifico sud occidentale 132
   di ghiaccio 176
   Galapagos 320
   Hawaii 25, *80-81*, 81, 143
   Marianne 188
   Novaya Zimlya 134
Isostasia 69
Ittiosauro 29

K

Kalahari 136
Kazakhstania 203
Kelp 339
Kimberlite 303
Krill 341

L

Lastre di ghiaccio 27, 128, *150*, 162, 211
Lava "aa" 78
Lava a cuscino 61
Lago
   Aconcagua 149, 199
   Baikal 120, 238, **242-243**
   Bolshoye Shchuchye 203
   Ciad 355
   Erie 240, *240*
   Huron 240, *240*
   Jackson 239
   Kariba 239
   Ladoga 134
   Michigan 240, *240*

Nasser 227
Ontario 240, *240*
Superiore 240, *240*, 241
Tanganica 120, **246-247**
Titicaca 120
Vittoria 137, 238, **244-245**
Vostok **250-251**
Laghi 119, **120-121**, 129
   formazione **238-239**
   lanche *107*, 239, *239*
   vedi anche le voci individuali
   proglaciali 239
   vulcanici 73
Lapilli 79
La Réunion 78, 226
Laser ranging satellitare (SLR) 55
Laurasia 132, *133*
Lava 36, 38, 61, 74, 78, 81
Lead 33, 35, 201, 209
Leghe 301
Limite delle nevi perenni 283
Limo 106, 120, 170, 229
Lingue di ciottoli *172*, 173
Litio 199
Litosfera **52-53**, 56, 81
Livelli marini 27
Lloro 266
Luccio *336*
Luce
   infrarossa 258
   solare **258-259**
   ultravioletta (UV) 254, 255, 258, 351, 353
Luna 12, **16-17**, 167

M

Macchie solari *348*, 349
Madagascar 151, 321
Magma *37*, 38, 41, *49*, 59, 61, 72, 73, 74, 76, 77, 78, 180, 303

Magnesio 32, 33, 48
Magnetismo 46, 47, *47*, 60, 90, 257, 299, 365
Magnetometria 299
Magnetosfera 47
Maldive *158-159*, 159
Mammoth cave 104
Mammut 29
Manganese 312, *313*
Mar
    Caspio 120, 139, *203*
    dei Caraibi 183, 190, 191
    dei Sargassi 155
    di Marmara 164
    Glaciale artico 146, 152, *153*, **156-157**
    Mediterraneo 164, 165, 184, 227
    Morto 120, 238
    Rosso *50*, 159
Maree
    17, 161, 164, **166-167**, 172, 312, 338
    di quadratura 167
    primaverili 167
Mari 152, **164-165**, 329
Mare
    Arabico 217
    di Aral 120, *121*
    di Tetide *133*, 197, 204
    cinese orientale 233
Marmo *40*, 41, *41*
Martora *326*
Massiccio del Vinson 145
Maximum termale del paleocene-eocene (PETM) 27
Meandri 106, *107*, 111, 113
Medicine 312
Meiji Seamount 81
Melanesia 143
Mercurio 209
Mesas *43*, 123
Mesosfera 254, 255
Metalli 35, 36, 296, **300-301**, 359

vedi anche le singole voci
Meteo 290
Meteoriti 13, 33, 255
Meteorologia 292
Meteosatelliti 293
Metano 27, 254, 310, 346, 347
Mica 203
Micronesia 143
Mineralogia 36
Mineraloidi 35
Minerali 21, **34-35**, 36, 38, 41, 199, 201, 202, 203, 205, 209, 296, 297, **300-301**, 312, 359
Miniera di diamanti Mir 303, *303*
Miniera di Kiruna 301
Minimi 274, 276
Migrazioni, animali 327, 335
Molibdeno 201
Moho 48
Monossido di carbonio 254
Monsoni 116, 159, 234
Montagne **66-67**, 108, 318, 325
    della Caledonia 134
    derivate da pieghe 59, 65
    sottomarine 20, 60, 61, 81, 161, 174, 178, 186
    Rocciose 146, **200-201**, 219
    Ruwenzori 137
    Transantartiche **210-211**
Monte
    Bianco 204, 205
    Denali 147
    Elbert 200
    Elbrus 134
    Fuji 67
    Kilimanjaro 67, 137
    Kirkpatrick 211
    Kosciuszko 206
    Narodnaya 203
    Nevado Misimi 225
    Rakaposhi 216

Indice analitico

Sant Helena *76*, 81
Toubkal 208, *209*
Wai-'ale-'ale 266
Wilhelm 143
Monti Urali **202-203**
Morene *125*, 127

N

Nanga Parbat (montagna) 216
Nebbia **264-265**
  da avvezione 265
  da irraggiamento 265
  frontale 265
  marina 265
  sopraffusa 265
Nembostrati 266, 274, *275*
Nembi 262
Neon 254
Neve 124, 196, 203, 259, 266, **268**, 269, 308
  bufere di neve 282-283
  nevato 124, *125*
  marina 178, 341, 342
  soffiata 282
Nevischio 266
New Orleans *228, 287*
Nichel 12, 21, 33, 44, 46, 312
Nilo azzurro 226, 227
Nilo bianco 226
Non conformità 23, 215
Nord America 54, 132, **146-147**
Nunataks 128, 211
Nuova Guinea 140, 142, 143, 151, 195
Nuova Zelanda 25, 132, 142, 143, 195
Nuvole
  260, **262-263**, 266, 274, 275, 278, 284
  a coda di cavallo 262, *275*
  temporalesche 262, 266, *267*, 275, 278, 284

O

Occhio (dell'uragano) 286
Oceania 132, **142-143**
Oceano
  Atlantico 58, 60, 152, *153*, **154-155,** 164, 184, 186, 191, 212
  australe 152, *153*, **162-163**
  globale **152-153**
  Indiano 152, *153*, **158-159,** 175, 186
  Pacifico 60, 142, 143, 152, *153*, **160-161**, 175, 186, 199
Oceani 19, 20, **152-153**, 347
  abissi **178-179, 342-343**
  correnti 21, 153, 159, 163, 164, **182-185**, 341, 355
  risorse, utilizzo delle **312-313**
  temperature 21, 27, 152
  vedi anche voci individuali
  vita **340-343**
Ocra rossa 301
Onda di oscillazione 164
Onde
  164, **168-169**, 170, 172, 173
  di marea *vedi* tsunami
  di Rayleigh (R) 89, *89*
  di Rossby 275
  love (Q) 89, *89*
  morte 168
  primarie (P)n 44, 88, *88*
  secondarie (S) 44, 88, *88*
  sismiche 33, 44, 45, 46, 52, *82*, 83, **88-89**
  tsunami 86, **94-95**, 191
Onnivori 316
Opale 35
Optimum climatici 26
Optimum termale cretaceo 27
Oro 33, 34, 199, 201, 203, 205, 296
Osmio 37
Ossido di azoto 254
Ossigeno 32, 33, 35, 48, 50, 51, 67, 254,

257, 302, 305, 313
Otzi, l'uomo dei ghiacci 204, **204**
Ozono 21, 346, 350, 351, 353, **3533**

P

Paesaggi glaciali **126-127**
Pack 156
Paludi
  118-119, 215, 334
  di mangrovie **118**, 119, 334
  Pripet 119
Pampas 149, 330
Pancake ice 162
Pangea 54, 132, **133**, 212
Pantanal 149
Pantalassa 54
Patagonia 149
Pecore Bighorn **329**
Pechblenda 248
Pendio continentale 178, **179**
Pendio convesso concavo 109
Perdita degli habitat 319, 361
Peridotite 36
Periodo
  carbonifero **23**, 305
  cretaceo 23
  devoniano 23
  giurassico 23, 26
  neogene 23
  olocene 27
  ordoviciano 23
  paleogene 23
  permiano 23, 321
  pleistocene 27
  siluriano 23
  quaternario 23
  Triassico 23
Perle 302, 337
Permafrost 29, 128, 328
Pesca 312, 313, 359
Pesca intensiva 312, 359

Pesce
  acque costiere 339
  acque dolci 334, 336
  oceani 341, 342, 343
Pesce persico del Nilo 245
Petrolchimici 296, 356
Petrolio 35, 36, 46, 65, 201, 203, 296,
    305, 312, 347, 350, 358
Pianura nordeuropea 134
Piane alluvionali 106, **107**
Pianeti 12, 14
Piano inferiore 323, 324
Piante,
  aree umide 334, 337
  vedi anche foreste; praterie
  deserti 332
  evoluzione 23
  habitat costieri 339
  oceaniche 340
  successione della vegetazione 316
Pianure abissali 178, **179**
Pianure fangose 133, 167
Piattaforma continentale 178, **179**, 338,
    340
Piattaforma di ghiaccio Ross 177
Pieghe **64-65**
Pieghe rovesciate 65
Pietrologia 36
Pikes Peak **201**
Pingos 129
Pinguini **145, 162**, 328
Piogge acide 100, 104, 305, **352-353**
Pioggerella 266
Pioggia 260, 262, **266-267**, 268, 269, 308
Piroclasti 76, 79
Piscina di immersione 114, **114**
Piscine 113
Placca
  australiana 206
  tettonica africana 159, 204, 212
  tettonica antartica 159, 199

Indice analitico

tettonica caraibica 191
tettonica del pacifico 56, 142, 143, 188, 195
tettonica di Nazca 199
tettonica eurasiatica 197, 204, 212
tettonica indo australiana 140, 142, 143, 159, 197
tettonica nordamericana 147, 191, 200, 212
tettonica sudamericana 199, 212
Placche tettoniche 52, **56-61**, 62, 64, 68, 81, 82, 83, 137, 139, 140, 159, 180, 186, 191, 238, 365
    subduzione **58-59**, 178, 186, 188, 199
Planetesimali 12
Point Nemo 143
Polje 103
Polo Nord *47*, 124, 268, 270, 328
Polo Sud *47*, 124, 144, 145, 270, 328
Poligoni di pietra 129, 330
Poli magnetici 47, 145, 257
Polinesia 143
Polipi corallini 174, 175
Pomice 79
Popolazioni aborigene 207
Port Radium 248, *249*
Potassio 33
Praterie 136, *136, 138*, 140, 149, 318, **330-331**
Precipitazioni 260, 266
    vedi anche rugiada, brina, grandine, pioggia, nevischio, neve
Pressione dell'acqua 188, 342
Pressione dell'aria 67, **272-273**, 276
Previsioni meteorologiche **292-293**
Produttori primari 338
Promontori 172
Provo Canyon 219
Puncak Jaya 143
Punto di congelamento 270
Punto di rugiada 261

Q

Quarzo 35, 38, 50, 205, 300
Quasi satelliti 14
Quito 149

R

Radiazioni solari 258-259, 365
Radiodatazione 22, 23, 28
Radon 90
Rame 21, 34, 35, 181, 199, 201, 203, 205, 209, 296, 297, 301, 312
Rapide 106, 230
Regione del Sahel 355
Regolite 109
Riffles 113
Rift antartico occidentale 211
Rigonfiamento equatoriale 19
Rigonfiamenti di marea 167
Rilevamenti e prospezioni 36, **298-299**
Rinoceronti *360*
Rio delle Amazzoni *106*, 119, 222, **224-225**, 334
Rio Grande 201
Riproduzione in cattività 362
Riscaldamento globale 127, 159, 305, **346-347**, 351, 365
Riserve naturali e zoo 362
Rocce **36-37**
    colonna geologica 22, 23
    datazione 22, 23, 29
    erosione 39, 42, 98, 99, 111, 114, 173, 197, 205, 281
    faglie **62-63**
    ignee 36, **38-39**, 40
    metamorfiche 36, **40-41**
    pieghe **64-65**
    crostali 50-51, 59
    del mantello 48, 59
    afanitiche 38
    faneritiche 38

379

ignee 22, 36, **38-39**, 40
metamorfiche 36, **40-41**
sedimentarie 36, 40, **42-43**, 141, 204
Rodinia 54
Rubidio 23
Rubini 302
Rugiada 266, 270
Ruscelli 123

S

Saette 278
Sahara 23, 122, 136, 137, 281, 332
Sale 296,
Salgemma 42
Salinità 153, 312, 341
Saltazione 280
Sarawak Chamber 104
Satelliti 18, 19, **20-21**, 44, 56, 90, 293, 299
Savana 136, *136*, 318, 330, *330*, 331
Scala
   di Mohs 300
   Fujita 285
   magnitudo momento (MMS) 86
   Mercalli 86, 87
   Richter 86
Scandio 296
Scie di condensazione 262
Scisto 41, 42, 51
Scogliere 172, *172*, *173*
Scudo canadese 147
Sedimenti 27, 36, 42, 59, 107, 215, 242, 250, 349
Seif 122, *122*
Seram 140
"Sessanta stridenti" 163
Seychelles 159
Sfruttamento intensivo dei pascoli 356
Siccità 330, **354-355**
Silicati 33, 35, 48, 50, 300
Silicio 32, 33, 35, 48, 50, 51

Sincline 65
Sismologia 52, 90, 299
Sismometri 86
Sistema di posizionamento globale (GPS) 55, 56
Sistema fluviale Mississippi-Missouri 116, 147, 201, **228-229**
Sistema fluviale Murray-Darling 206
Sistema montuoso circumpacifico 195
Sistema montuoso del Pacifico 195
Sistema solare 14
Sistemi montuosi **194-195**
   catene montuose 67, **68-69**, 194, 195
   sottomarine 20, 60, 61, 81, 161, 174, 178, 186
   vedi anche voci individuali
   temperature 67, 329
   vette 67, 99
   "Slip-off slope" 113
Slittamento basale 124
Smog 265, 305, 351
Snowy River 206
Sodio 33
Solchi carsici 103
Sole 14, 167, 273, 276, 290, 365
Son Doong Cave 104
Sorgenti calde 81
Sovrapproduzione agricola **356-357**
Spazio 255, 365
Specie indicatrici 334
Speleotemi 104
Spiagge **170-171**, 339
Stagioni 14, **288-289**
Stagno (metallo) 199, 301
Stalattiti e stalagmiti 104
Steppa 318, 330, 331
Strati 42, 64, 65
Strati (nuvole) 262
Stratocumuli 262
Stratosfera 254, *255*
Stratovulcani *vedi* vulcani compositi

380

Indice analitico

Stromatoliti conyphyton 28
Subtropici 136
Successione della vegetazione 316
Sudamerica 54, 55, 132, **148-149**
Sumatra 73, 151
Suolo della foresta 322, 324
Supercellule 284

T

Taiga 326, 327
Tartaruga embricata *363*
Tasmania 25, 140
Tefra 73, 79
Temperature estreme 138, 144, 146, 270
Temperature globali 26, 27, 346
Tempeste **278-279**, 286
Tempeste di sabbia **280-281**
Termoclastismo 101
Termoclini 185
Termosfera 254, 255
Terra
    atmosfera 13, 32, **254-255**, 292
    campo magnetico 46, *47*, 60, 257, 299,
      365
    cicli di Milankovitch 349
    crosta 33, 38, 42, 44, 45, *49*, **50-51**,
      52, 60, 61, 69, 133
    elementi chimici **32-33**
    forma **18-19**
    formazione **12-13**
    futuro della Terra **364-365**
    litosfera **52-53**, 56, 81
    mantello 12, 33, 44, *45*, **48-49**, 52, 56,
      58
    nucleo 33, 44, *45*, **46**
    orbita 14, *16*, 17, 26, 288-2899, *288-*
      289, 349
    periodi geologici **22-23**
    risorse in esaurimento 296, **358-359**
Terremoti 21, 59, 60, 62, 67, **82-93**, 94,
    98, 191

danni **84-85**
famosi **92-93**
misurazioni **86-87**
onde sismiche 33, 44, 45, 46, 52, *82*,
    83, **88-89**
previsione **90**
zone di Benioff-Wadati 59
Terre rare 359
Testuggini giganti *320*
Tifoni 286
Tillite 127
Titanio 33, 302
Tongariro National Park *142*
Torba 119
Tormenta 282
Tornado 275, **284-285**
Tornado Alley 285, *285*
Tracce fossili 28
Tre Gole 219, *219*, 233, 307
Tripla giunzione di Rodrigues 159
Tristan de Cunha 212
Tromba d'acqua *284*
Tropico del Cancro 322
Tropico del Capricorno 322
Tropici 136, 149, 266, 276, 290, 320
Troposfera 254, *255*
Tsunami 86, **94-95**, 191
Tundra 128, *128-129*, 318, 329
Tungsteno 201

U

Uluru *141*
Umidità 261
    assoluta 261
    dell'aria **260-261**
    relativa 261
Unione Internazionale per la
    Conservazione della Natura (IUCN)
    360-361
Uragani **286-287**
    tornado 275, **284-285**

Uranio 23, 33, 296

V

Valanghe 98
Valle del fiume Missouri 229
Valli 63, 106, **110-111**, 126
Valli di rift 61, 63, 137, *137*, 242, 246, 248
Vapore acqueo 206, 254, 260, 261, 262, 264, 269, 270, 308
Ventaglio deposizionale dell'Indo 217
Venti prevalenti 276, *277*
Vento 163, 274, **276-277**
Vento solare 257
Verkhoyansk, Siberia 138
Vesuvio 74, 75
Victoria island 151
Vostok 144, 270
Vulcani 13, 59, 67, **72-81**, 149, 188, 199, 254
   a scudo 74, *75*, 81
   attivi 77, 140, 199
   compositi 72, 74, *75*
   di hot spot **80-81**, 174
   dormienti 77, 140
   eruzioni 72-73, *72-73*, **74-79**, 82, 94, 98, 349
   estinti 77, 137
   lava 36, 38, 61, 74, 78, 81
   magma *37*, 38, 41, *49*, 59, 61, 72, 73, 74, 76, 77, 78, 180, 303
   sottomarini 161, 174
Vulcano Ojos del Salado 199

W

Wadis 123

X

Xeno 254

Y

Yellowstone National Park 81, *146*, 147

Z

Zaffiri 302
Zampilli di Morgan 44, 61, 80
Zebra *330*
Zinco 21, 33, 35, 181, 201
Zolfo 33, 36, 181
Zona bentonica 153, 340
Zona demersale 340
Zone climatiche **290-291**, 318
Zone di Benioff-Wadati 59
Zone di faglia 62
Zone umide **118-119**, 149, 318, **334-335**
Zona pelagica 152, 340
Zone di subduzione 48, 49, 51, 60, 76, 178, 186, 191
Zone di vita principali *vedi* biomi
Zone sismiche 83, 85
Zoo *vedi* riserve naturali
Zooplancton 340

Referenze fotografiche

Tutto il materiale illustrativo proviene dalla Miles Kelly Artwork Bank

Gli Editori desiderano ringraziare gli enti, società o persone per aver concesso l'utilizzazione
del materiale coperto da copyright. Si prega di segnalare le eventuali involontarie omissioni,
alle quali si provvederà nelle prossime edizioni.
L'editore ringrazia le fonti seguenti per l'utilizzo delle loro immagini fotografiche:
t = in alto, b = in basso, l = sinistra, r = destra, c = al centro

Copertina (frontale): illustrazione di Barry Croucher/The Art Agency; NicoElNino/Schutterstock
Quarta di copertina: Fat Jackey/Shutterstock.com

Alamy 207 Bill Bachman; 226–227 Peter Barritt; 231 Images of Africa Photobank;
244 Peter Horree; 247 Universal Images Group Limited; 358 Westend61 GmbH

Diomedia 208–209 Aurora Photos RM/Jake Norton

Dreamstime.com 115 Fabio Cardano; 118 Lawrence Wee; 176–177 Vladimir Seliverstov;
256

Fotolia.com 28 Ismael Montero; 66 QiangBa DanZhen; 144–145 steve estvanik;
166 overthehill; 173(r) Michael Siller; 284 KoMa; 352 sisu

Frank Lane Picture Agency (FLPA) 322–323 Murray Cooper/Minden Pictures; 363 Reinhard
Dirscherl; 62 Kevin Schafer/Minden Pictures; 65 Michael & Patricia Fogden/Minden Pictures;
360 Cyril Ruoso/JH Editorial/Minden Pictures

Getty Images 15 Bettmann; 187 Xinhua/Xinhua Press; 237 DEA/C.Sappa/De Agostini;
347 British Antarctic Survey/Science Photo Library

Glow Images 141 Vidler Steve; 150 Bert Hoferichter; 198 Wayne Lynch; 218–219 View
Stock; 249 Jason Pineau

iStock.com 34–35 robas; 78–79 titine974; 102 graphicjackson; 136 andydidyk; 318 naes;
354 cinoby

NASA 18 Apollo 17 Crew; 20 USGS EROS Data Center; 50 SeaWiFS Project, GSFC/
ORBIMAGE; 59; 91 ESA; 106 Jesse Allen, courtesy of the University of Maryland's Global
Land Cover Facility; 121 Earth Observatory; 137 NASA/JPL/NIMA; 139 Jeff Schmaltz, MODIS
Rapid Response Team, GSFC; 182 Norman Kuring, MODIS Ocean Team; 240; 286; 287;
348 GSFC Scientific Visualization Studio

NOAA 154; 180–181

Rex Features 84 Martin Bernetti/AFP; 188–189 KeystoneUSA-ZUMA; 202 Keith Waldegrave/Associated Newspapers; 210 NASA/Michael Studinger; 237 Russian Look/UIG; 364 Solent News; 347 Nick Cobbing

Science Photo Library 16 Gary Hincks; 26 Roger Harris; 49 Claus Lunau; 190 NOAA; 194 Gary Hincks; 213 Gary Hincks; 238 Gary Hincks; 251(in alto) Nicolle Rager-Fuller, National Science Foundation; 272–273 Karsten Schneider; 298 Simon Fraser; 303 Ria Novosti;
313 Institute of Oceanographic Sciences/NERC; 353 NASA/Goddard Space Flight Center; 355 NASA

Shutterstock.com 2–3 Adisa; 10–11 yexelA; 24–25 Incredible Arctic; 30–31 George Burba; 39 2009fotofriends; 40 Ververidis Vasilis; 41 Olena Tur; 43 Sebastien Burel; 47 Snowbelle; 68–69 Andrey_Popov; 70–71 beboy; 92 arindambanerjee; 96–97; 98–99 Xavier Marchant; 100–101 Patrick Poendl; 105 pmphoto; 108–109 Robert Plotz; 110 RIRF Stock; 112 Ulrich Mueller; 117 Asianet-Pakistan; 123 ricardomiguel.pt; 126 vrihu; 128–129 George Burba; 130–131 tororo reaction; 133 Designua; 138 Daniel Prudek; 142 Pichugin Dmitry; 146 Lee Prince; 148 robert cicchetti; 149 Andre Dib; 153 ktsdesign; 155 Roman Sulla; 157 CatchaSnap; 158–159 Paolo Gianti; 160 vasen; 163 kkaplin; 165 Joao Virissimo; 173(l) Robyn Mackenzie; 174 Brian Kinney; 175 aquapix; 192–193 procnasson Frederic; 196–197 Dchauy; 200–201 John R. McNair; 205 Fedor Selivanov; 214–215 Francesco R. Iacomino; 216–217 siraphat; 220–221 Pichugin Dmitry; 223 Ice Cherry; 224–225 Johnny Lye; 228 Ed Metz; 232–233 kanate; 234–235 Radiokafka; 239 Javier Rosano; 241 Gary Blakeley; 243 withGod; 252–253 Corepics VOF; 258–259 Paul Aniszewski; 260–261 L.M.V; 263 Andrzej Gibasiewicz; 267 dpaint; 271 evronphoto; 279 André Klaassen; 280 Andrew McConnell; 282–283 Vadym Zaitsev; 292–293 George Burba; 302 RTimages; 294–295 Jaochainoi; 296–297 curraheeshutter; 300–301 bondgrunge; 304 russal; 306 Rodrigo Riestra; 308 Chailalla; 311 Kletr; 314–315 Alan Uster; 319(sinistra) EcoFrint, (r) Mikadun; 320–321 Ryan M. Bolton; 324–325 Jacob Whyman; 326 Steve Brigman; 328–329 Andrea Izzotti; 330–331 Oleg Znamenskiy; 332–333 Anton Fotin; 335 Brian Lasenby; 336–337 Kletr; 338–339 twospeeds; 340–341 Krzysztof Odziomek; 344–345 Galyna Andrushko; 350–351 Ian Bracegirdle; 357 Rihardzz